天下文化
BELIEVE IN READING

讓大象動起來

以學思達啟動差異化教學和自主學習，成就每一個孩子

SUPER 教師
劉繼文 著

推薦序

鍥而不捨，精益求精

方新舟（誠致教育基金會創辦人）

誠致教育基金會與公益平台基金會在二〇一四年舉辦「翻轉教室工作坊」時，為了落實「翻轉教室」精神，要求與會者事先做足功課。這份功課要花很多時間看書、看影片，而當時誠致教育基金會剛踏入教育圈，沒沒無名，我們很擔心報名人數太少，沒想到卻場場爆滿（要謝謝優秀的講師們），很多老師無法參加。

很久之後我們才知道，有些未能參加這場工作坊的老師奮發圖強、展開自學，成為翻轉教室的典範。繼文老師便是其中一位，而且是很特別的一位。他把數理專長的均一教育平台與文科專長的學思達合併運用，發揮綜效。這本書就是他為了幫助每一位學生，鍥而不捨追求理想的詳實分享。

我特別推薦這本書給每一位老師和家長，主要有以下四個原因：

1 繼文老師是務實的課堂實踐家，時時刻刻看見每一位學生的需求，設法在有限時間與空間內找出解決方案，藉由不斷的反思實踐，讓每一位學生在課堂上都能有效學習，符合KIST（KIPP Inspired School in Taiwan）卓越教學架構：「有問題發生時，要找到解決方案；有更好的方法時，要找到它。」

2 繼文老師在教育理論和實務間做了很好的對話，不論是馬斯洛需求層次理論、認知神經科學或心理學最新知識，都在現場經驗中來回印證，符合KIST的信念：「教學是藝術，也是科學」、「科學救國」。

3 繼文老師對焦一〇八課綱培養終身學習者的目標，用影片擺脫老師重複講課的慣性作為，專注於發展心智圖、筆記策略、思考表達等「學習如何學習」的認知技能，實踐了「授人以魚，不如授人以漁」的教育理想。

4 繼文老師隨時隨地開放教室，主動尋求觀課老師的回饋，持續優化教學，更毫不藏私的分享成功與失敗的經驗，所展現的「成長心態」及「不斷更新」的態度，真正實踐了教師這門「專業」最重要的核心價值。

感謝繼文老師在繁重的教學工作之餘，錄製許多影片無償提供給均一教育平台，並協助KIST老師成長。也很榮幸過去幾年能邀請繼文老師跟我們一起去美國、北京取經，共同探索未來教育。二〇一八年，誠致教育基金會特別頒贈繼文老師「程有威先生教育科技獎」。

展望未來，期待繼文老師帶著我們更上層樓。我個人認為，自學最難的一件事是「設定長遠、高期望的目標」，而後「以終為始」，有策略、有步驟的執行。在變化迅速、動盪不安的二十一世紀，台灣的孩子更需要具備勇氣與使命感。如同林肯總統所說：「預測未來的最好方法就是創造未來。」

除了得到漂亮的考試成績，我更期望下一代的學生敢做夢，敢走出舒適圈，敢為天下先，不負培養「因為相信，所以看見」的格局與豪氣。我們一起加油！

推薦序

看見大象，舞動大象

李崇建（親子作家、千樹成林創辦人）

繼文的書要出版了，我聽了他的計畫，主動請纓上陣推薦，為這本書寫一篇序，我想把他推薦給更多人認識。繼文大概亦難推辭，笑呵呵只得答應我。

近年來我與學思達合作，深入了解學思達教學，與諸多教育夥伴同行，我心裡放了一個位置，在自由行走的路上，有時選擇結伴同行，而繼文乃教育的同行者。

時空坐標看當今教育

原以為繼文的書距離我比較遙遠，只是談數學的教學、經驗與思維，未料這本書出乎意料的好看，我甚至做了不少筆記。

比如對於「停頓」的說明：「當學生忙著理解新概念時，最不需要的就是有一個人在旁邊一直問：『你到底懂了沒有？』」談的是一般人並不停頓，學習就無法沉澱、思索與內化。

比如對於學習的看法，我私自解讀為「冰山」另類說法：「我開始對學生看影片的習慣與模式感興趣，畢竟『理解』是發生在他的大腦內，從外在行為上，我們只看得到一個掛著耳機、盯著載具的青少年，實在無從得知：『學生是否看完影片就懂了呢？』」對我而言，這是從內在思索，改變給予孩子外在的衝擊。

比如對好奇心的說法，繼文引用相關資訊：「『好奇心』和食欲、性欲一樣，是人類的基本欲望……『激發好奇心』才是促動學習的關鍵。」他引用的解釋，更容易讓人明瞭。

這本書的書寫視角，不僅是數學在學思達的操作，更宏觀的將視野調高，「審今時、度大勢」，看待整個大環境的脈絡，教學者與學習者該有什麼樣的思維？該如何因應科技時代，甚至未來時代？

繼文縱橫交錯闊談，再精準定位調校，將眼光瞄準細節聚焦。

他宏觀的視野，引經據典極貼切，進入技術脈絡則敘寫經驗，寫他的反思、挫敗與成功，字字珠璣且妙語如珠，如同繼文本人在現場，融入橫空出世的幽默感，閱讀者輕鬆汲取了知識與技巧。

家長閱讀也有裨益

今年暑假因疫情之故，我帶孩子在家學數學，運用洋蔥數學當輔具。我讓孩子看數學影片，再與孩子提問互動。我數學成績不佳，陪伴孩子看數學影片，在提問互動過程中，理解了孩子卡住的點，也思索如何讓孩子理解。

我擁有嫻熟的提問技巧，運用起來自然不難。但是看了繼文的分享，提問該如何區分？鷹架該如何搭建？影片該看多久？我瞬間拍案歡呼，因為繼文的分享更細緻，我若預先閱讀了這本書，當更易掌握跟孩子與數學的互動。

繼文書中呈現的架構，圍繞著「知識的啟發者」，而不是傳統的「知識的傳遞者」，並且朝深遠的方向望去，呈現更多課堂改變的面貌，更動了過去傳統的課堂風景。此書不僅對教師有益，家長若閱讀了，亦對於在生活中帶孩子自學、陪孩子做功課等狀態，都有極大的幫助。

大象的隱喻

繼文本書的名稱，以馬戲團的大象為隱喻，指出綁住大象的，並非外在的枷鎖，而是一種慣性，繼文的數學課改變了慣性，帶出孩子的學習動機，以及主動活潑的課堂風景。

我所學習的薩提爾模式，亦常以大象為隱喻，源自西諺「屋裡的大象」（The elephant in the room）。意指屋裡有象，人們卻視而不見，刻意忽略問題，比喻每個人都知道、卻不願提及或面對的議題。

我以為繼文的這本書，同時觸及此議題，教室裡長年存在的大象，不僅因此被看見了，也讓大象動起來了。

推薦序

真金不怕火煉，專業不怕考驗

張輝誠（學思達創始人）

繼文老師此書太珍貴了，他是學思達數學科核心老師，獨立發展出三軌學思達，並散發愈來愈大的影響力，讓學思達不斷深化，並且還是從最難的數學科，逐漸擴散到更多其他學科。

他是真正把三軌學思達放進國中教學現場、放進常態編班班級，並且全力推廣、有效複製到其他學科、擴散到更多學年層的第一人。

最重要的是，他的演講、主持、公開課，愈來愈好，愈來愈行雲流水，現在他把多年的經驗與精華寫成書，分享給更多人，真是太美好了！

繼文老師書中提到，為了培養學生的自學力，他的教學進化歷程如下：

1 課本＋心智圖＋單軌學思達↓解讀文本的能力，思考討論，表達能力

2 影片＋單軌學思達↓解讀影片能力

3 兩軌或三軌學思達↓差異化

4 個人化學習↓自學力

這四個歷程看起來似乎沒什麼，但真正深入其中的老師就知道，每一個歷程都非常困難。

有些老師可能以為，只要有線上教學平台的充足影片，就能夠順利展開「個人化學習」。這樣的想法固然沒錯，實際上也可以做到，但在我看來，其中最大的問題就是：「缺少了教師專業的介入和引導。」

國外常見的「翻轉教室」模式，通常先由老師自己錄影片，再藉由ＷＳＱ學習單（觀看 Watch → 摘要 Summary → 提問 Question）讓學生看教學影片自學、摘錄與提問，有的還融入各種筆記法（如康乃爾筆記法），讓學生「摘錄」教學影片時更加專業化。

後來逐漸出現各種線上教學平台（如可汗學院、均一教育平台、洋蔥數學或 Coursera 等等）的影片，老師直接使用線上教學影片即可，翻轉教室的風潮因此開始

擴大範疇。

只是，原本不會錄製影片的老師，如果上課只是採用「WSQ學習單」搭配「線上教學影片」來上課，那就太缺乏專業了，因為每一個人都可以這樣上課，整個教學過程全部推給學生去自行「觀看→摘要→提問」就好——這種老師的專業就容易一方面變成解題老師，另一方面又會變成教導其他老師怎樣克服硬體設備（當然這也很重要，但這些都只是基本功，並非翻轉教室的教學核心關鍵）。

沒有自行錄製影片，只是運用平台上課，卻侈談「個人化學習」的老師，最大的致命傷就是，一旦沒有了平台支援，所謂的「個人化學習」馬上打回原形，知識的傳遞工作必然又會馬上回到老師身上，而WSQ頓時成為一張廢紙。換言之，這樣的「個人化學習」真正的關鍵是「平台上的影片」，而不是老師的教學專業。

在這個脈絡底下，才能知曉繼文老師教學歷程突破的珍貴與價值。

繼文老師一開始就是先從學思達入手，融入心智圖（讓學生掌握數學各知識點的架構），設計學思達講義，讓學生從數學課本開始培養並訓練自學、思考及表達能力。光是這一點，難度就極高，他六年來長時間獨自編寫學思達講義，每一個知識點都是他多年教學經驗與智慧的累積，每一張講義都費時耗力完成，他獨立做完三年六學期全部的學思達講義，完成後又全部無償公開在學思達講義分享平台（ShareClass.org），任人自由下載，大家也可以真正見識到一個學思達老師的講義製作是多麼專業，比起WSQ這樣簡易的學習單，簡直天差地別。

繼文老師還拍了一千多部數學教學影片，將影片融入自己的課堂，影片有些是採用他自己拍的，有些則是他以專業判斷後選定的（如均一、學習吧或洋蔥數學），影片融入教學的另一主軸還是學思達講義，講義上有繼文老師的引導、提示、說明、補充、設問、強調、鷹架及練習，全都是他的專業，幫助學生更高效率的自學。

後來，繼文老師想要「拔尖與扶弱」，讓課堂學習效益更高，便開始實踐「三軌學思達」（同質性分組，不同程度的組別有不同難度差異的學習任務），也就是「差異化教學」。說起來容易，做起來談何容易？他必須有三個不同版本的「學思達講義」，所以他以第一個共同版的學思達講義為基礎，再次耗時費力做出簡易版和難度版。最有創意的一點是，因為他自己有錄製數學教學影片的經驗，所以也讓優秀組別的學生拍攝數學解題影片，讓學生走向高階的應用與創造能力訓練。

最後他才扎實而穩健的進入了「個人化學習」，有了自己拍攝的豐富影片和各種線上教學平台作為後盾，再加上自己的教學專業（三個版本的學思達講義），「個人化學習」才終於完成了真正是建立在教師專業基礎上的學習，而不是只建立在「線上教學平台」和「學生」的自我學習。對繼文老師而言，沒有了平台也不怕，他還有三軌學思達，甚至還有自己的影片，照樣可以個人化學習，不像一般老師，一旦沒了平台就只好打回原形，再沒有提供新知識的來源了，只能自己跳下去教。

在台灣談「個人化學習」，很少有人像繼文老師這樣一步一腳印，扎扎實實、一次又一次突破各種困難；也很少有人像他走到這樣精深而專業，且願意公開辛苦編寫的講義讓大家受益，又可以隨時開放教室，公開接受檢驗。其實這正是繼文老師為何能在台灣上公開課、帶工作坊的主因，並且在應邀對來自大陸各省優異的中學數學老師發表大型演講之後，得到高度評價。

真金不怕火煉，專業不怕考驗。

這話說的就是像繼文這樣的老師。

推薦序

從老師教，到我自主學

蘇庭萱（新泰國中第四十一屆學生，二〇一九年進入北一女中）

記得國中新生訓練時，老師林林總總交代了許多注意事項，其中最特別的一項就是數學課帶色鉛筆與畫圖本。數學與畫圖？我怎麼也無法把兩樣截然不同的東西聯想在一起。但因為創新才有進步，我們因此接觸了「數學心智圖」。

七年級，繼文老師教我們「如何從課本找出重點」，找出定義、找出規律、找出方法，一串串複雜的文句就這樣化為心智圖，不僅容易懂，也更方便檢索與複習。

八年級，我們開始接觸自學，一整本數學講義中，有教學影片、基礎題、進階題，還留了空間讓我們做出屬於自己的心智圖。我們的自學有明確的目標與內容，在規定的時間內依自己的進度看影片、寫講義，有點像是課前預習。過程中有問題可以直接問老師，而老師也會在最後做完整講解，不僅能釐清細節，還能著重於延伸的概念，學習更有效率。

八下到九上這段期間，有幾組同學在數學課負責開直播解題。通常我們會在直播前先解出答案，包含每一步驟需要的知識點和詳細的算式，直播開始後再逐步完整解出，中間老師會問問題，如果我們無法回答，就要重新思考如何突破盲點，因此每道題目都要仔細討論。直播的好處是不用浪費時間去聽已經會的題目，遇到不會的題目時，去找別組的直播影片，馬上就可以學到完整的解題思考跟計算過程。

從七年級開始，我們的座位一直是分組的方式。一開始我們討論如何講解題目，然後是自學與上課各半，九年級則是完全自學，其間遇到不會的問題都可以和組員討論。其實同學教的不比老師差呢！有時，一節課光討論一道題目，從毫無頭緒到有些眉目，所有人不斷提出想法後再一一驗證，再加上其他組的報告成果，最後得出完整的解答時，成就感真不是一般大！

九上寒假時，老師把九下的講義發下來，讓我們從跟隨課堂進度的自學，進化成自己分配時間的自學。雖然是還沒教過的新課程，但不用擔心沒課本和老師，講義裡面的教學影片都講得很清楚，看完影片寫練習，一步一步慢慢學，其實並不困難。

拚會考的日子裡，做筆記的技能進步很多，問問題的技巧也是，不管是上課或自學，一定會有不能理解的地方，把自己不懂的地方具體點出來，比光說「我全部都不懂」更有助益。這是我在自學過後所意識到的。老師在台上一直講時，會感覺自己好像都懂了，練習時卻又不曉得哪裡出了問題，而在影片跟講義交叉搭配之下，很快就能知道自己哪裡基礎不夠。

上國中前，我的數學不差，但都是老師在台上示範好幾遍以後背下來的；上國中後，學思達的上課模式讓我漸漸習慣跳脫框架來思考。看到沒教過的題型，可以自己思考一套方法解題，錯了，再想出另外一種。三年來，我學到數學永遠不止一種解題方法，可以簡單、可以複雜；可以算式講解、可以文字說明，每個人都有不同的方法，每聽一個，腦袋的思考迴路就多一條。有時覺得題目很難，但很多時候只要有一個假設、一個靈感，瞬間就能豁然開朗。

數學很讓人頭疼，但也可以變得有趣，國中三年來的學習讓我突破數學恐懼，勇於思考，也讓我擁有特別的自學體驗。學習真的是隨時隨地都可以進行的事，自學是未來很重要的能力，而我會一直持續下去！

自序
讓大象動起來

「老師，你有沒有下學期的數學講義？」

二〇二〇年五月中旬，幾位學生跑來問我，因為他們已經把這學期的數學課本、習作、講義都做完了，並且相互討論找答案與訂正。我把前一年製作的講義印成一本發給他們。其中一位學生在七月中學期結束前（疫情影響而延後兩週），當其他人還在為期末考努力衝刺時，她已經把下學期的講義完成大約三分之一。可以想像，若沒有在課堂上進行差異化教學，她上課時會很無聊，也會「假裝」得很辛苦。

原來，把學生「封印」的是老師。

還記得女兒小時候，帶她到附近的國小操場跑步，我牽著她的手慢慢跑，有時候不小心跑得太快，女兒就會跌倒，甚至受傷嚎啕大哭。

在一場跑步競賽裡，有人跑得快，有人跑得慢，如果要所有人同時起跑、同時抵達終點，會是一件很荒謬的事。但是，這樣的情況卻時常在教學現場發生。

開學是所有學生共同的起點，而段考前大家都要抵達終點。跑得快的人必須在終點線前面等待其他同學，跑得慢的人必須加速跟上，或者由老師「帶著」他跑。有時候進度落後太多，必須加速前進，他很容易跌倒受傷，這時老師只好「拖著」他跑；不但數學老師「拖著」他跑，還有國文、英文、社會、自然……想想這個畫面，有一點殘忍，也令人感到不捨。

我帶著女兒慢慢跑，也應該帶著學生慢慢跑。

上一屆的學生畢業一年後，師生約在學校附近的 Pizza 店聚餐敘舊。有一位就讀公立高職的學生說：「現在都靠自己讀，還好國中的時候老師放手讓我們自主學習。」還有一位學生提到國中第一次上台報告時，雙腳不停發抖，現在上台報告對她來說「只是一片蛋糕」。學生的回饋讓我知道，實施三年的學思達教學，教給學生的是帶得走的能力。

有時候我會在演講時問現場老師一個問題：「你想要當哪一種老師？」

A老師：學生畢業後說，沒有老師的教導，成績退步很多。

B老師：學生畢業後說，沒有老師的教導，還是讀得很好。

如果我是A老師，心中當然會有一點喜悅，因為學生會這麼說，表示我教得還不錯。但換另一個角度想，也可能是A老師所教的東西，學生無法帶到下一階段——老師教的只是「內容」，而不是「能力」。如果我是B老師，學生畢業後沒有我也可以讀得很好，表示我教的不只是「內容」，而是「帶得走的能力」。

實施學思達之後，對我而言最大的改變是：老師的角色從「知識的傳遞者」轉變為「知識的啟發者」。上課不再是講好講滿，「講述」這件事情交給影片、同學、講義、課本、網路，甚至是學生自己。老師終於空下手來，可以給學生一對一指導，可以實施差異化教學，可以做得更多。學思達最重要的一件事情就是「留白」。學生在課堂裡是真的在學習，不但學習知識內容，也學習如何學習，培養帶得走的能力。

關於本書的書名——讓大象動起來，這是我在演講中常常提到的一個故事。我先讓大家看一張圖片：有一頭大象被一條繩子拴在小木樁上，低著頭悶悶不樂。接下來我會問：大象為什麼不想跑？如果牠想跑，只要輕輕一扯就可以掙脫，牠為什麼不想跑?這時有老師提到,大象還小的時候,怎樣都掙脫不開那條繩子,最後連跑都不想跑了,現在牠長大了,但還是以為自己跑不掉。是的,大象就像是我們遇到的一些學生,因為接二連三的失敗,再也不願嘗試了。這就是「習得的無助感」。「習得的無助感」讓學生失去學習的動機,再也動不起來。

我繼續追問:「如何讓大象動起來?」

這本書就是我對這個問題的思考。

本書共七章,〈前言〉與大家分享我對AI時代教育核心的看法;〈緣起〉則回溯自己嘗試教學改變的契機與困境,以及「學思達」與「數位學習」對我的教學生涯所產生的重大改變。

第一章談到我如何運用數位學習來啟動學生的自學力,從可汗學院所給予的啟發、均一教育平台帶來的可能性,到洋蔥數學如何以動畫呈現數學概念,顛覆數學給人的刻板印象。

第二章是我的學思達實作——基礎篇,詳細說明我在實施學思達的過程中如何演進自己的教學方式,課前準備包含分組、座位安排、工具準備等等,實際操作則包含自學如何開始、啟動學生思考與討論，以及讓「壓力＋助力＋鼓勵」形成學生上台表達的動力。

第三章是我的學思達實作——進階篇，分享我如何在學思達教學法中融入心智圖與均一教育平台、課堂提問主持要留意的重點，以及如何在紙筆測驗之外檢核學生的學習成果。

第四章分享如何讓大象動起來，詳細說明激發學習動機的有效方法。這是演講時很受歡迎的主題。對於無動機的學生，初期以外在動機推動，接下來要將外在動機轉變為內在動機；而直接由內在動機驅動，可以獲致最好的效果。

第五章談的是從差異化教學到個人化學習的過程，從鹽酥雞老闆給我的啟發、禪師與小和尚的對話，帶出差異化教學的重要性；同時反思「老師」的定義，從同質分組發展到三軌學思達模式。

第六章學思達 Online，說明學生直播、老師直播，以及線上教學成功的關鍵。

第七章論及教師的專業，當我們提到「專業」兩個字時，大家可能會想到醫師、律師、會計師……身為老師的我們，會不會認為自己專業呢？又或者，我們怎麼理解一個老師的專業呢？

這本書裡關於「數學」的內容並不多，重點在於如何實施學思達教學、教學工具的使用、增強機制、差異化教學，以及線上教學等實作經驗的分享等等。因此這本書並不是數學老師的教學手冊，不是專為數學老師而寫，而是寫給每一個想要改變或是正在改變中的老師。而對家長來說，不再侷限於「老師」就是一定要講好講滿、「學習」一定要按表操課等想法，每一位父母對於「教育」有更多的想像。

一開始實施學思達教學時，我並不十分相信學思達可以改變我的課堂，但經過一連串的挫折打擊與重新站起來（以下省略兩公升的眼淚）……終於，在學生的回饋與他們眼中透出的光芒，我看到了堅持下去的理由。

漫漫長路依舊看不到盡頭，但我相信：只要大家一起向前進一步，總有一天我們會一起看見！

我從來沒想過，有一天我會寫書。這一切要感謝很多人。

感謝誠致教育基金會方新舟大哥和花蓮縣三民國中林國源校長的支持與鼓勵。

感謝張輝誠和李崇建兩位老師的提攜。

感謝天下文化編輯郁慧與彤華的全力協助。

在開始翻轉教室，錄影片、製作講義和投影片的時候，感謝家人的包容與支持。

在講義做不出來的時候，感謝神隊友的神救援。

在晚上想吃宵夜的時候，感謝學思達夥伴的美食照片都記得 tag「劉繼文」。

感謝八里國中，在我剛踏上教學生涯時給予豐富的成長養分。

感謝新泰國中，讓我能夠成為更好的自己。

感謝，這一切的遇見！

目錄

5 從差異化教學到個人化學習

前言

AI來了！老師會被取代嗎？

——讓孩子成為未來等待的人才

二〇一九年是台灣教育界相當重要的一年，歷經九七課綱「培養學生帶得走的能力」的教育改革後，台灣教育再一次向前邁開一大步，往一〇八課綱素養導向的方向前行。這一版本的課綱受經濟合作暨發展組織（OECD）影響很深，重點在幫助下一代面對未來世界的挑戰。

女兒在二〇一九年升上國一，是新課綱的第一批適用者，我和所有家長一樣，對「素養」二字感到困惑。參加研習時，聽台上的學者專家大談素養，每一位都言之有理，卻又都不盡相同，有人笑稱：「十個專家對素養有十一種解釋。」

究竟什麼是「素養」？我嘗試回到課綱中對素養的解釋，尋找我對素養的理解。

課綱中對素養的定義是，一個人為了適應現今生活及未來挑戰，所應具備的知識、能力與態度。或許是由於為人父母，這句話最吸引我的地方，並不是每場課綱宣導都必定強調的知識、能力與態度，反倒是「未來挑戰」四個字，帶給我很多的感受。

「未來挑戰」四個字讓我想到三件事，相信可以幫助大家更有感的認識一〇八課綱「三面九項」的這一張圓形圖（參見圖1）。

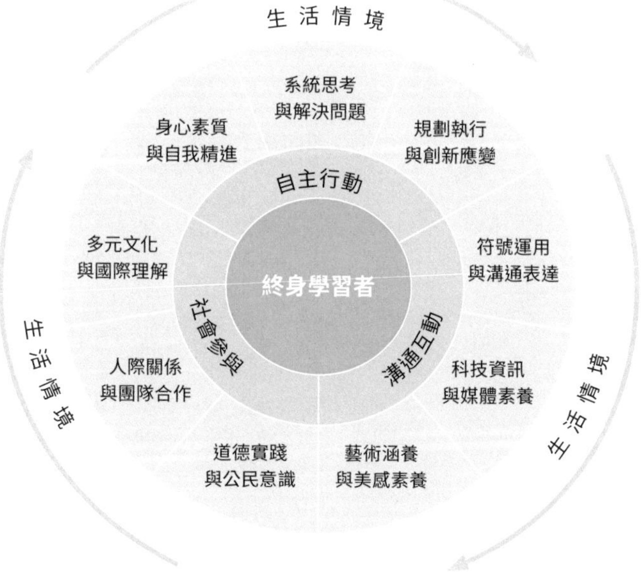

圖1　108 課綱核心素養的內涵（三面九項）
資料來源：108 課綱資訊網（https://12basic.edu.tw/12about-3-1.php）。

終身學習才能面對未來挑戰

第一件事是人類的平均餘命有可能破百。

有一本書叫做《100歲的人生戰略》，書中提到自一八四〇年起，人類平均餘命每年增加三個月，也就是每十年增加二至三歲，這個趨勢目前沒有任何跡象顯示會趨於平緩。台灣的平均餘命在二〇一八年剛創下新高——八〇．七歲，換句話說，二〇一九年出生的小孩會經過八個十年到達現在的平均餘命，按每十年增加二至三歲的速度來看，估計還會再增加十六至二十四歲，如此一來，平均餘命將會到達九十六歲甚至一〇四歲。聽起來很不可思議，但這還是在不考慮生物科技有突破性發展的情況下所做的估算。所以我們可以猜想，下一個世代會因為平均餘命變長，職涯跟著變長，而在職涯變長的過程中，勢必得面對轉換職場重新學習的狀態，更別提職場知識本身也在迅速更新迭代中。

依據聯合國教科文組織的報告，人類知識更新週期在十八世紀時，是八十至九十年；十九世紀到二十世紀初，為三十年；二十世紀六〇至七〇年代，為五至十年；二十世紀八〇至九〇年代，縮短為五年；而到了二十一世紀，知識更新週期已縮短為二至三年。

在知識更迭快速、新知識不斷出現的情況下，下世代的孩子又有頻繁轉換職場重新學習的需求，熟記課本知識顯然不是我們應該教給下一代的事了，甚至能力也不見得能派上用場，比方說語言能力就有可能被即時翻譯軟體取代，那麼什麼才是王道？什麼才是那個天下武功唯「快」不破的終極境界？

其實這個答案就隱含在「三面九項」圓形圖中間的那五個字──「終身學習者」。是！唯有能夠終身學習的人，才能面對未來快速更迭的挑戰。這是我對未來挑戰的第一個理解。

人工智慧衝擊就業市場

第二件事是人工智慧和物聯網會改變就業市場。

在二〇一八學思達亞洲年會中，我和孫菊君老師負責分享ＡＩ這個議題，起因是我們受嚴長壽先生邀請，有幸聆聽李開復先生的ＡＩ專題演講。我想先舉兩個例子來幫助大家理解ＡＩ會如何改變就業市場。

第一個例子是台灣本土的「隱形冠軍」——和大工業。這家專門製造齒輪的公司，曾是特斯拉變速箱的全球獨家供應商。二〇〇八年至二〇〇九年的金融海嘯，重創全球汽車業，做為上游廠商的和大工業也難以倖免。董事長沈國榮痛定思痛，決定擴大產品線，跨足油電車與電動車市場，除了投入近三億元添購新設備，也開始導入工業4.0，結合雲端、大數據、物聯網，徹底改變傳統生產方式，以降低人力成本同時提高良率的方式進行企業轉型。

透過大數據與機聯網，產品在產線上可以進行機器與機器的對話，自動比對資料庫，判斷上一個製程的偏誤並進行調整，大幅提高產品良率，生產效率也直接從九十天降至九十秒，另外一條十三個製程的產線需要的人力也從五十六人降至十六人，一年節省兩千萬元的人事成本。但為什麼不是降至零人呢？因為當機器出問題或產線有狀況時，還是需要有經驗的人綜合判斷進行調整。不過光從這些數字看起來不難發現，這個算盤怎麼打都划算，哪有不做的道理？於是在人機合作的概念下，一條產線就少掉四十個工作機會，十條產線就少掉四百個工作機會。

第二個例子是麥當勞。最近到麥當勞，應該會發現麥當勞多了很多點餐機，少了許多櫃檯人員。一台點餐機估計在二至三萬元間，跟一個櫃檯人員的月薪可能相去不遠，少聘一個櫃檯人員，一年就可以添購十幾台點餐機，如果客人可以接受點餐機，這絕對是門划算的生意。但可以只用點餐機嗎？顯然不行。因為點餐機沒辦法判斷客人的情緒、沒辦法應付多樣的客製化需求等，一樣是人機結合的概念。

少子化年代，一個都不能少

「未來挑戰」讓我想到的第三件事是少子化。有位總統曾說，台灣的少子化已經是國安危機。政府近年來不斷推出生育補助、托育政策等「牛肉」，試圖提高生育率。姑且不論效果如何，單就國發會網站上的資料顯示，台灣人口結構正從一九五〇年的完美金字塔逐漸演變成二〇六〇年的超高齡社會倒金字塔。

有趣的是，一九六〇年的扶養比九二和二〇六〇年的扶養比九五．七並沒有相去多少，但在扶養比的實質內容上卻有偌大的差異。在一九六〇年，辛苦的是小孩，而到了二〇六〇年，辛苦的則是老人，也就是現在三十至四十歲的青壯年。屆時，每一．三位的青壯年就要負擔一名老人，足足是一九六〇年的十六倍，而那時的青壯年，其實就是二〇二〇年前後出生的孩子。

換句話說，這個數字其實並不是在預測四十年後的現象，而是已經發生的事實。問題是，我們能做些什麼嗎？站在教育的立場，我認為有兩件事是必要的，第一是讓學生有身心平衡的內在力量，畢竟下世代孩子的生命旅程充滿逆境，從出生時受到百般呵護，一路到青壯年面對沉重的社會責任，整段旅程是一趟由奢入儉的挑戰，保持身心健康平衡，顯然是最重要的事。其次才是透過教育，一個都不能少的幫助他們發揮潛能，對社會創造更大的貢獻。

從可以預見的這三件事來看，相信大家都會和我一樣對「未來挑戰」很有感，也更能理解一〇八課綱核心素養何以是「三面九項」。而身為老師的我，真正的挑戰才要開始——如何培養學生成為終身學習者？如何幫助學生發展九項核心素養？如何維持老師本身的身心健康，去成就每個孩子？這一個一個都是老師必須面對的挑戰。我準備好面對職涯變化的自我提升了嗎？下世代老師的圖像又是如何呢？

有一次，我應邀到師培大學去看公費生試教。這所師範院校是目前國內少數幾所還培育公費生的學校，並且有很好的口碑。他們還保有早期師範院校的一些傳統和文化，像是師培生要早起運動升旗等，這樣的培訓讓公費生更能以身作則的成為學生的榜樣，也因此，這群公費生進入學校服務後，普遍獲得學校及教育局處的肯定。

除了早起運動升旗，為了涵養師德，校方也透過一些設計讓公費生鍛鍊品格，比方說在試教的準備上，一方面為了讓學生廣泛且深入的掌握課程內容，一方面也為了培養學生團隊合作的能力，公費生試教的教案和教具是分組準備但共同使用的。教授在一開始指定八至十個試教主題，學生二至三人一組，各組認養一個主題去撰寫教案與準備教具，試教當天進行抽籤，然後拿著抽到的教案和教具開始準備試教。

這樣的設計讓學生必須團隊合作，認真撰寫教案和準備教具，因為他所撰寫的教案，必須讓抽到的人一看就懂，並能實際進行教學。這是一個很不錯的設計，讓師培生可以藉由分工合作迅速掌握許多學科觀念，也培養師培生寫教案、讀教案的能力，一舉數得。由於試教成績可能會影響師培生的公費資格，每一個師培生都卯足了勁，全力以赴。

當天每一場試教都在水準之上，毫不遜色於我參與過的代理教師甄選，雖然最後我打的分數仍然有高有低，但總的來說，每一位公費生我都打了不錯的分數，心裡也對這所學校的師培制度有很好的印象。

看完所有的試教後，我便離開了。但同行另一位擔任評審的校長留下來參與最後的討論，後來我才知道，評審打出來的分數，和教授預期的完全不同，平日認真的學生，分數不如預期，反倒是平時不太投入的學生，拿到很好的成績。我和同行的校長對這個現象也相當好奇，我們大致釐清了問題：認真的學生往往照著教案教，雖然把觀念講得很清楚，但往往缺少提問和互動；相反的，準備不那麼充分的學生，照著教案教時，會擔心學生不懂而不時提問，或是補充生活中常見的例子，反而讓評審的參與度更高。

這件事帶給我一些感慨。二十幾年前我讀師大時，其實就像這些認真的學生一樣，力求一場「完美」的教學演示，但二十年後我體會到，學生的參與才是課堂的真實效率，「完美」的演示反而沒有顧及學生的學習需求。

究竟是我改變了，還是教學的典範已經隨著時代的變遷而產生了深刻的質變？我想，在「以學習者為中心」的理念幾乎已是普世價值的今日，答案不言而喻。

但何以如此用心經營的師培大學，仍然選擇教學演示的方式讓師培生練習呢？或許有人主張師培生把一個觀念講清楚是基本功，但在網路上教學影片浩瀚如海的時代中，講清楚一個觀念的重要性，真的會比設計「好的提問」重要嗎？師培為數位學習時代和一〇八課綱的到來，究竟做了什麼改變呢？這些問題值得我們好好思考，畢竟年輕一代的教師是未來教育品質的掌舵者，培育出好的師資是教育改革最好的投資，也是因應時代變革最敏捷的作為，應當毫不遲疑的與時俱進。

AI時代的教育核心是培養高階能力

AI來了，老師會被取代嗎？我常常在演講場合拋出這個問題。

二〇一八年九月，我受邀前往北京人大附中西山學校參加一場論壇，分享如何以洋蔥數學為題材製作學思達講義。在這場論壇裡，很多講者提到科技在教育上的應用。洋蔥數學的動畫影片製作品質很高，也很受學生喜歡，近期更利用AI技術開發診斷與預測系統，可以精準測出學生哪裡不會，接著指派題目和影片給學生學習。

還有另外一個叫做「學霸君」的App，不但可以拍照上傳解題、手寫辨識，還可以幫老師批改選擇題、填充題，甚至是計算題。最令我感到驚訝的是，竟然還有類似滴滴打車（與Uber叫車系統相似）的設計，隨時可以呼叫線上兩萬名老師講解概念或是解答問題！

講述學習內容、批改作業，甚至是線上解答問題，科技都可以做到，這時候老師還要做什麼呢？還可以做什麼呢？

我想，如果老師做的事情跟ＡＩ做的事情一樣，很容易就會被取代。老師再怎麼厲害、再怎麼博學多聞，也比不過Google的線上搜尋。老師必須從知識的傳遞者轉變為知識的啟發者，才不會被取代。

再舉個例子來說，目前已經有一些平台可以做到診斷。學生登入系統之後，系統先讓他做幾題測試，就可以判斷等級，接著指派題目和影片。學生不斷答對，就會一直升等。但若學生一直做錯，可能會被降等，而ＡＩ只會給出一個結論：「他一直做錯！」卻不會知道他為什麼做錯。但是現場的老師可以！走近這個學生，看著他，覺得他今天好像有心事，關心他、問他幾句，就知道原來昨天他家裡出了一點狀況，或是和朋友出了一點問題，導致他今天心情很不好，才會一直答錯。這是ＡＩ無法付出的關愛。

從這幾個例子中我們可以發現，性質單純、不太需要複雜判斷或是解決問題能力的工作，很快會被機器取代；而藉由人機合作，將簡單重複的工作交給機器，複雜、情感、綜合判斷的部分交給人類，將成為下一個世代的工作模式。這在教育上意味著什麼呢？很顯然的是，高階能力的培養將成為教育的核心，也就是系統思考與解決問題、規劃執行與創新應變、人際關係與團隊合作、多元文化與國際理解等，應該不難發現，寫在「三面九項」圓形圖周圍的這些能力，其實都不是機器能做得來的事，因為它複雜、需要綜合判斷，帶有主觀情感、價值與倫理因素，是人類無法被機器取代的專長。

在這本書中，我寫下過去幾年做為第一線教育工作者在教學上的反思實踐歷程，可以清楚的看見我在教學上的轉變，除了教學的重心從知識的傳遞逐漸移轉到學習力、溝通表達力的操練，更提升了學生的學習態度與動機。坦白說，在升學制度的現實條件下，我刻意選擇務實的路線做教學的變革，除了降低風險，更重要的是，我相信好的教學方式與考試或評量並不必然相斥，甚至可以用評量來檢證教學的成效。

從二〇一六年到二〇一九年，我完成了三年的探索。這三年的數學課沒有任何一張小考考卷，每天早上也沒有安排任何小考，完全用來晨讀培養閱讀能力，數學課則著重於培養自學、思考、表達的能力，最終在會考也繳出漂亮的成績單。但我心裡很清楚，學生在這三年中學得的能力，遠遠超過會考成績單所能代表的意義。

這三年的探索，我攝取了許多養分，包含學思達教學法、教育心理學、腦科學、差異化教學以及個人化學習。這本書中並沒有高深的理論或吸睛的名詞，也沒有嚴謹的系統性論述，但我深信這些一步一腳印、扎扎實實走出來的經驗，可以幫助老師們理解，如何在確保學習成就的前提下進行教學變革，符合一〇八課綱素養導向教學的精神；也能提供家長一個更朝向未來的教育投資方向；更希望提供從事師培工作的專家學者們一些不同的視野與想像，讓師培更能符合教育現場及未來的需求。

我的教學探索還會持續進行，對齊一〇八課綱素養導向教學，或許是問題導向教學，或許是更進階的個人化學習模式，希望未來有機會再次向所有一同為教育努力的夥伴分享我的教學專業成長之路，更希望我個人的故事能帶給夥伴們更多想像與探索，持續為教育注入新思維，創造更美好的課堂風景。

緣起

教學，從「教」到「學」

還記得大學聯考繳交志願卡的前一晚，高中同學打電話給我，希望我不要填師大，跟他一起去讀醫科，但我非常堅決的告訴他：「我以後想要當老師！」因為，醫生每天看到的是愁眉苦臉的病人，老師每天可以看到快樂的學生。學生快樂學習的圖像一直深植在我的腦海中……

我是師大數學系八四級，一九九五年畢業後分發到新北市八里國中服務，雖然是偏鄉學校，卻是教學生涯中一段難忘的時光。

我一分發到八里國中就擔任國三導師，與學生的年紀只相差七、八歲，可以說是大孩子帶著小孩子。

那段日子有很多至今依然讓我懷念的時刻，為了讓學生願意學數學，我除了在教學方法上做了很多嘗試，也花了很多力氣設計各式各樣的獎勵機制，希望提升學生的學習動機，這些寶貴的經驗，成為我日後在教學成長上非常重要的養分。

有一天，發生了一件神奇的事。那一天，任教的四個班各有一節課，就這麼湊巧，在四堂不同班級的課裡，我竟然教了完全一模一樣的進度，甚至課堂上所講的笑話和講笑話的時間點都絲毫不差。當時我心裡有一個念頭，如果在第一節課就把教學畫面錄起來，是不是後面的三節課，我只要播放影片就可以納涼了呢？

雖然日後才知道播影片有很深的學問，不過這個念頭卻開始在我心裡萌芽，我開始注意到，在我日常的教學裡，這樣的事是反覆在上演的，我幾乎是陷在「重教」的漩渦裡，一點也游不出這個輪迴。

一樣的材料，四個班都要教一次，還算是無可厚非。但接下來我發現，我重教的次數遠遠不止於此，一個小段落教完了，小考一下，發現有些學生該懂的不懂、該會的不會，於是又把這些重點在四個班重講了一次。

這樣的事在幾個小段落重演幾回後，月考快到了，為了能讓學生全盤掌握考試範圍的內容，不要學了後面又忘了前面，我發下一張大卷讓他們複習，沒想到再次陷入「重教輪迴」。即使到了月考後，檢討考卷時我還是又「重教」了一遍。

這件事情大大震憾了我，我忍不住自問：這就是一個數學老師在數十年的職涯中必然要面對的嗎？

我開始思索兩個問題：第一，我反覆在重教，顯然是因為我沒有辦法在講述的同時，確認每一個學生是不是真的懂，有沒有什麼辦法可以解決這個問題呢？第二，數學老師最應該教給學生的能力是思考，但我反覆講一樣的內容，怎麼讓他們學會思考呢？我應該怎麼做，才能讓學生真正學會思考？這兩個問題開啟了我教學思辨的旅程，也讓我的課堂漸漸有了改變。

二〇一三年我介聘到新北市新泰國中，當時新泰國中有很多老師屆齡退休，也有很多新血加入，整個學校讓人感到非常年輕有活力，對於學校舉辦的活動，大家都是全力以赴。

在教學上，是否能帶給學生不一樣的課堂風貌呢？這個問題一直到了二〇一四年，才慢慢浮現清晰的圖像。

二〇一四年，我在網路上注意到「翻轉教室」這個名詞，也搜尋到一個在台大舉辦的「翻轉教室工作坊」。這場工作坊非常特別，有別於傳統的教師研習，必須先做完很多指定的預習作業，才可以報名參加。原本以為是個冷僻的研習活動，沒想到竟然大爆滿，而我沒有錄取。

不過，其中一項預習作業是指定閱讀《可汗學院的教育奇蹟》這本書，這對於我後來將均一教育平台融入課堂之中有很大的啟發。另一項預習作業是閱讀張輝誠老師「學思達教學法」的文章，對於後來我在課堂裡融入學思達教學法，甚至衍生出三軌學思達、多軌學思達，一直到個人化學習，影響很大。由於在課堂中融入了均一教育平台的影片，讓我可以脫離重教的夢魘；另一方面，在課堂中採用學思達教學法，讓我可以把講台讓出來，培養學生自學、思考和表達的能力。

這段「從教到學」的旅程，豐富了我的教學職涯，也讓我對教學產生源源不絕的熱情，更大大顛覆我過往對學習的認知。我寫下這本書，並不表示這是教學的完美解答，而是希望透過我的經驗分享，創造更多的對話，讓我們有更多的發現，一起探索教學，一起打磨做為一個教師的專業。

第1章

數位學習，啟動自學力

在影片取代老師講述後，老師在課堂上可以做更多事，包括四處走動、觀察學生理解和學習的情況，給學生一對一的指導，以及讓學生互動討論等。

搭配學習單幫助學生定錨，可培養學生看影片自學的能力。

在課堂上，平台上的影片和試題是老師的分身，討論的時候，同學是老師的分身，事先製作的講義是老師的分身，學生自己也是老師的分身。

可汗學院的啟發

二〇一四年，我在TED Talks聽到可汗學院（Khan Academy）創辦人薩爾曼·可汗（Salman Amin Khan）的演講。可汗為了教表妹數學，但又受限於相隔兩地，所以利用網路以遠距的方式幫表妹家教。由於教學有方，許多親友也紛紛請求可汗的幫忙，於是他決定錄製教學影片上傳YouTube，以利大家各自學習。

當可汗在YouTube上傳了第一部影片，有趣的事情發生了。表妹告訴可汗，他們喜歡YouTube上的他，更勝於真實世界的他。對表妹和其他親友而言，這意味著他們（學習者）可以自由針對不懂的地方暫停或反覆播放，而不用擔心占用可汗（教學者）太多時間。如果要複習兩個禮拜前、甚至是兩年前的東西，也可以隨時隨地點開影片，以自己的速度進行學習。

可汗還點出一件我從未想過的事，當學生忙著理解新概念時，最不需要的就是有一個人在旁邊一直問：「你到底懂了沒有？」

可汗的一番話，讓我在第一時間就想到我亟欲擺脫的「重教輪迴」，更給了我一個很大的啟示：事實上，當學生在聆聽和思考時，有很多因素可能干擾他的理解，包括情緒、壓力、專注力等，這些因素無法從外顯行為觀察得知，卻對其理解與否產生很大的影響。

可汗提到，有一些老師來信說他們在課堂上播放這些影片，他也藉此提出學生在家觀看影片、在學校寫作業的教學方式，更進一步闡述在影片取代老師講述後，老師在課堂上可以做更多事，包括四處走動、觀察學生理解和學習的情況，以及讓學生互動討論等。

可汗認為，過去一個班級三十位學生，一律不准講話，全體一致（One Size Fit All）的教育方式，是非常不人性化的；而輔以影片的教學方式，正可以運用科技讓教學更人性化，符合因材施教的教育理想。他期待這樣的方式，明天就可以在全美的每一間教室發生。

可汗的理念，深深打動了我，讓我開始思考將影片帶入教學的可能。

均一教育平台帶來可能性

事隔不久，我在網路上看到一則新聞〈台灣版可汗學院，均一教育平台成效佳〉，我十分好奇，馬上搜尋了「均一教育平台」，感覺這似乎是一個改變的機會。

於是我開始思索將均一帶入課堂的各種挑戰：家中沒有電腦或網路怎麼辦？多久去一次電腦教室呢？電腦教室會不會很難借？可以把均一當成回家功課嗎？家長會支持嗎？學生會不會藉機玩電腦遊戲？剛開始導入均一會不會擔心成績退步而造成老師壓力太大？學生知不知道均一是什麼、對均一有沒有信心？科任班的導師會反對嗎？而我也預先針對每一項挑戰，做了一些處置和規劃，希望讓整個導入過程更順利。

或許這些問題，因著均一教育平台的持續進步，以及網路環境與社會整體氛圍對數位學習的接受度提高，現在看起來似乎不再是挑戰，但當時真的要感謝同年段的兩位科任班導師的認同與協助，以及新北市秀山國小林文生校長曾說過的那句話：「一百個不可能，不如一個可能。」這句話持續鼓勵著我，才讓我成功跨出第一步。

一開始在班上導入均一教育平台，我並沒有直接全面採用「翻轉教室」的模式進行教學，而是選擇「漸進式」的方式推動，包括在第八節課實施、將均一做為鼓勵性質的補充教材、以週為單位指派功課等，目的就是希望在原有上課模式「主調」不變的情況下，將均一以「和聲」的方式帶入。

這樣做的好處在於，當學生先從每週一節課（第八節）開始，把均一當成是課程的「補充教材」（主調都教過了），從首頁中的各版本教科書對照表進入，與課本的內容連結進行學習（和課本一模一樣），學生、家長和老師三方可以慢慢體驗（不用擔心漏掉任何課程），進而漸漸習慣這種學習方式。

另外我也成立臉書社團，把學生都加入這個社團，一來是讓學生在均一平台上練習題目遇到困難時，能即時在社團提問；二來學生在均一平台上獲得很高的能量點數、徽章，甚至於換了象徵升級的大頭貼（需要一定的能量點數），也可以在社團裡分享喜悅，因而帶動學生使用均一的風潮。後來我將學生的成就勛章貼出來，或是將目前精熟最多技能的學生當作社團封面照片，甚至在臉書社團指派作業。這樣持續不斷在臉書社團創造師生與生生間的互動後，班上學生使用均一的習慣漸漸養成，更帶動了數學學習的氣氛。

然而在執行的過程中也並非完全沒有遭到困難，當時的均一在影片和習題的數量還不足以完整涵蓋國中數學課程所有內容（現在均一教育平台上的影片多達一萬部，題目也有四萬題以上）。為了實踐翻轉教室的理想，我參考呂冠緯執行長（現在是均一平台基金會董事長）的做法，準備手寫板、耳麥、軟體等等，開始錄影片。

為了讓看影片漸漸成為學生學習的「主調」，我開始將課本上的每一道例題講解都錄成影片，放上YouTube，並同步發布在臉書社團。這樣一來，影片和課本的結合度就達到百分之百，當然也就可以讓學生在家裡看影片「預習」，課堂上互相討論，共同完成課本的練習題。於是我開始增加課堂上做作業的時間，並以課堂上做作業、寫習作、討論取代考試。而為了活躍課堂氣氛，也開始導入分組競賽的模式。

至此，雖然翻轉教室的雛形已經建立，但其實在許多細節的處理上，還是有很多挑戰需要一一克服。不過可以確定的是，我所採用「主調＋合聲」的策略確實奏效。如今回頭去看自己嘗試的這一段過往，我想，除了「主調＋合聲」，藉由臉書社團創造互動，以及和課本高度結合的影片，都是很重要的關鍵。

均一教育平台一開始是在二〇一二年，由誠致教育基金會方新舟董事長引入台灣，獲得可汗學院網站原始碼的授權，在方董事長矽谷友人的協助下開始運作。運作初期是以將英文內容中文化的方向進行，並有大批翻譯志工加入翻譯工作。後來在早期使用者（如台東縣桃源國小鄭漢文校長）的意見回饋下，方董事長毅然決然著手錄製本土化的教學影片。然而初期人力不足，進度相當緩慢。

為加速影片產製的進程，均一教育平台開設了影片錄製課程，招募影片志工。隨後我也加入其中，到目前為止我已經錄製了上千部影片。

由於正式投入均一教育平台影片的錄製，我開始對學生看影片的習慣與模式感興趣，畢竟「理解」是發生在他的大腦內，從外在行為上，我們只看得到一個掛著耳機、盯著載具的青少年，實在無從得知：「學生是否看完影片就懂了呢？」

「教學影片」和「老師講述」都是訊息傳遞的工具，但「教學影片」明顯比「老師講述」有更多的優點，比方說「教學講述」是一次性的，除非老師可以耐著性子、不厭其煩的重教，但很顯然老師的時間、體力（還有脾氣）是有限的，而學生下課後、老師疲累時，講述就無法進行；教學影片卻可以在任何地方、不限次數的重播。

我放上 YouTube 的影片，後台可以看到數據分析，我注意到兩個現象：一是考試前看影片的學生特別多，這應當是臨時抱佛腳的一群；另外就是，即使在週六深夜、週日清晨，仍然有學生在看影片。試問，老師們能在週六深夜、週日清晨讓學生 Call out 教數學嗎？

但即使影片比老師講述具更多優點，在課堂上播放影片的初期效果並不如預期，讓我深感挫敗。均一教育平台提供了很多數據給老師參考，假設這部影片是五分鐘，只要平台記錄你有看三百秒就算通過。但是，學生看完影片後，回答問題卻一片空白，感覺上就像是沒看過影片。學生看影片就學得會嗎？這個問題困擾我很久，差一點就要放棄了。還好，後來終於找到原因。

培養學生看影片的能力

看影片對學生來說是再熟悉不過的事，網路上的ＭＶ、電影、韓劇、手遊攻略、抖音等，琳瑯滿目，應接不暇。理論上只要把影片丟給學生，學生應該很快就能掌握影片中的知識，不是嗎？

實際上並不是。你會發現，當學生看完教學影片、老師拋出第一個提問後，全場靜默，能回應的寥寥可數。為什麼會這樣呢？除了學生還不習慣發表，最重要的關鍵在於，看「教學影片」和看「電影」不一樣。

網路上的ＭＶ、電影、韓劇等，主要目的在創造閱聽人的感受，它們重視情感線的鋪陳，運用符碼傳遞一些訊息，但其實訊息濃度不高，因此我們不需要帶著筆記本進電影院，只要看過有感受、有印象就好。它們節奏很慢，直接看就能懂。

但教學影片不同，教學影片著重於學習，主要目標在傳遞知識，重視的是知識的邏輯、脈絡和程序，具有很高的訊息濃度。它的節奏很快，要在短時間內將很多東西都教給你，你必須巨細靡遺的知道每一個細節。學生有時看完影片還是不會，這是因為我們的工作記憶容量有限，因此，學生不能抱持看電影的心態，而是必須在影片播放的過程中，把知識或概念記錄下來，進而理解、內化及應用。有些學生專注看影片時，會暫停、筆記甚至重播，原因就在於訊息多到他必須分階段處理，才能完全吸收。

這給我三個很重要的體悟：一、一部影片的訊息量應當要控制；二、引導者必須事先看過這些影片，並在適當的時間提問整理，幫助學生清空工作記憶；三、如何看教學影片是必須培養的能力。

均一教育平台早期的影片，往往長達十幾分鐘，這些影片通常是把幾道題目串在一起，相當於老師一口氣講了三道例題，學生事實上是吸收不了的，所以愈是後期製作的影片，時間愈短。理想上，一部影片只講一個概念或一道題目，時間控制在五至八分鐘是最理想的狀態，但有些題目或概念要在五至八分鐘內說明清楚，確實有點困難，只能盡力而為。

為了讓學生能看懂影片，一開始我在課堂上是以「公播模式」進行教學，也就是全班學生一起看投影機投影出來的畫面，但絕對不是從頭播到尾。公播模式的目的在培養學生看影片的能力，所以老師要事先看過影片，搭配影片設計提問，然後在課堂上播放影片時，在關鍵處按暫停並提問帶討論。這樣的教學設計有幾個用意，一來是分段讓學生吸收影片，二來是透過提問讓學生思考、理解影片內容，理解後做筆記，清空工作記憶，才能繼續往下看。我在帶領的時候，提問完會搭配小組討論和發表，這部分主要是依據學思達的教學方式，藉由討論互動拉高學生的理解層次，同時讓學生有練習表達能力的機會。

我開始在課堂上頻繁操作，播放影片、暫停、提問、小組討論、上台發表，久而久之，學生在看影片時便會更加專注理解影片內容，並有策略的進行摘要和記錄。換句話說，在每日不斷的練習中，學生培養了看影片自學的能力。

但這樣的操作還是有一個缺點：全班的進度是一致的，就算你已經會了也無法將影片暫停或快轉，或者如果你看一遍沒學會也很難要求全班陪你看第二遍。

如何讓學生在鷹架支持下看影片，並讓每個學生都能獨立自學，便成為下一個要攻克的難關。當時均一教育平台是以ＷＳＱ（Watch-Summary-Question）學習單的方式來解決這個問題，所以我掌握背後的兩個重點，包括確認學生有看影片、提供鷹架讓學生理解影片，便著手設計了單張的學習單，可以說是後來整本學思達講義的雛形。

學習單有個重要功能：它就是一個「錨點」，告訴學生這裡是重點，要停在這個地方，或者回去找一下答案。有了學習單，學生看影片就不會從頭掃到尾，他會往前拉，又往後拉，反覆的看。所以，讓學生看影片的時間絕對要超過影片本身的時間長度，而最有效率的時間是影片時間長度的三倍。五分鐘的影片，你要給學生十五分鐘。讓他一看再看，看完後有時間可以寫學習單。

以學習單定錨，幫助學生看影片自學

學習單具體包括哪些內容？如下頁圖 2 所示，一份設計良好的學習單，我認為應該包括三類問題（概念性知識、程序性知識和延伸與應用）、兩個連結點（影片檢核點和課本連結點）和一個對應影片的 QR Code。

數學知識的三類提問

在認知心理學中，安德森（J. R. Anderson）將語文知識分為兩類：一為陳述性

B2-3-1-1 比與比值

班級：________________ 座號：____________ 姓名：____________________

❶

1. (1) 什麼是比？什麼是比的前項和後項？請舉例說明。 ❷
   (2) 什麼是比值？如何計算比值？
   (3) 比的前項和後項有什麼限制？為什麼？
   (4) 你覺得 1：3 = 1/3 這種寫法有沒有問題？
   (5) 這一題的內容在課本第 __________ 頁

❸

2. (1) 什麼是打擊率？打擊率兩成表示 ______________，打擊率三成八表示 ______________
   (2) 2015 年胡金龍的打擊率是多少？如何計算？四壞球保送算不算打數？
   (3) 請舉例說明出席率、投票率、命中率、……（請注意有沒有限制條件？）
   (4) 這一題的內容在課本第 __________ 頁

3. 影片中一共有 3 個例題，請算出答案。並找出在課本中一個類似的題目。

EX1：計算下列各比的比值，並以最簡分數表示
(1) 3：4 (2) 1.3：(-6.5)

課本類似題是第 ________ 頁，______________ 題

EX2：計算下列各比的比值，並以最簡分數表示 ❹
(1) $(-\frac{2}{3})：\frac{5}{6}$ (2) $2：(-\frac{3}{4})$ (3) $1\frac{2}{3}：(-15)$

(4) 什麼是繁分數？繁分數如何計算？

課本類似題是第 ________ 頁，______________ 題 ❺

EX3：有某位職棒球員，在 2016 年開賽至今，20 個打數中，共擊出 7 支安打。試回答下列問題：
(1) 請問這位職棒球員目前的打擊率是多少？
(2) 如果他想要將自己的打擊率提升到 4 成，請問未來 5 個打數中，他至少要擊出幾支安打？

課本類似題是第 ________ 頁，______________ 題

4. 七年級校外教學甲班共 30 人，有 28 人參加。乙班共 26 人，有 25 人參加。丙班共 10 人，10 人全部參加。每輛遊覽車最多可以乘坐 40 人，三個班級共搭乘兩台遊覽車。請問如何分配比較合理？你的理由是？ ❻

❶ 影片 QR Code
❷ 概念性知識
❸ 影片檢核點
❹ 程序性知識
❺ 課本連結點
❻ 延伸與運用

圖 2 運用學習單為學生搭鷹架，讓學生習得看影片自學的能力

知識（Declarative Knowledge），指有關事實性或資料性的知識；另一為程序性知識（Procedural Knowledge），指按一定程序操作從而獲致結果的知識。但是，數學和語文略有不同，根據過往的經驗，在學習單中我將國中數學的知識分為三類：概念性知識、程序性知識、延伸與應用（參見下頁表1）。

概念性知識的問題屬於布魯姆（Benjamin Samuel Bloom）教育目標中的記憶層級，安排題目順序時，最好是跟影片裡面完全一樣。程序性知識的問題會是和影片內容相同的例題，再加上幾個類似的練習題，目的是讓學生真正學會，屬於布魯姆的理解層級。要讓每一份學習單都把布魯姆的六個層級套進來，十分困難，所以我把應用、分析、評價、創造都歸為「延伸與應用」。

需要注意的是，若延伸題目太多，看影片找不到答案，學生可能就不願意做。只有學生願意寫，才能夠學得會。

如果只能做一份學習單，我們大概會有七成的概念性問題、兩成的程序性題目，延伸型的題目則很少。如果時間、精力足夠，也可以把學習單分成很多層級，適合不同學生，比如程度較佳學生的習題幾乎都是延伸型，程度普通學生對應設計普通的學習單，針對程度不佳的學生設計的學習單基本上看影片就能找到答案。

表 1　數學知識的三種類型

數學知識類型	概念性知識	程序性知識	延伸與應用
內容	數學知識的建構	計算與步驟操作	延伸思考與應用問題
舉例	比的意義、什麼是相反數？什麼是絕對值？	解方程式、尺規作圖、四則運算	利用方程式解應用問題、素養試題、生活情境問題
紙本學習單提問格式	填充式 重點挖洞填空	條列式 給學生一些提示	陳述式 給學生自由發揮
附注	製作差異化講義時，對於資優學生陳述式的比例會增加，填充式的比例會降低；反之，對於程度不佳的學生，陳述式的比例會降低，甚至會以填充式為主		

兩個連結點

除了三種類型的數學知識，也設計一些「影片檢核點」確定學生是否觀看影片。為了防止學生把進度條直接拖到題目指定的時間點去看答案，必須在學習單中埋一些不可以跳過去、必須要回過頭再看一遍的內容。

有些老師會設計：「總長度多長？」、「一分二十秒的時候主角講了什麼？」等問題，學生會覺得無聊。比較好的方式是例如「穿藍色衣服的人離開了嗎？」這類確實看了影片才能知道答案的問題，很簡單的機制，但比較有意思。

「課本連結點」也相當重要。課本不

能拋棄，也必須完成，所以在學習單的題目或知識點的最後，要說清楚這裡是配合課本第幾頁的概念，讓學習單與課本有一個連結點。編排的順序也盡可能不要任意更動，否則程度不佳的學生若找不到答案，就不想寫這份學習單。我們的目的是讓學生寫，所以要盡量讓學生按照這個流程往下寫。

這樣的設計除了讓學生練習辨識課本題型，更重要的是，必須試著讓學生在影片不是和課本例題一模一樣的情況下，依然能夠掌握「主調」；這一點非常重要，因為學生如果非得要看跟課本一模一樣例題的影片才能自學，那麼各家版本都必須錄製影片，而且每改一次課本，影片就得重錄。這是沒道理的事，因為範例本身就只是「範例」，目的在於提供給學生模仿並舉一反三的素材，三家課本所舉的範例也都不一樣。

雖然道理如此，但學生要從我一模一樣按照課本錄製的影片，過渡到均一教育平台上，仍然是「主調」（上課模式）的調整，所以我選擇慢慢改變他們的習慣，才會在學習單內增加「課本連結點」，讓他們在影片改變的情況下，依然可以連回課本，踏實的在課本上看見絲毫不差的進度。

至於為什麼要將提問分成概念性問題、程序性問題及延伸與應用呢？我們不妨將影片當成另類的「文本」，從閱讀理解的角度來看，擷取訊息是必要的第一步，接下來，在數學材料上往往就是理解後，模仿操作一些程序性知識，然後進行解題應用或分析等其他更高階的思維訓練。以國中教育會考來說，題目分為「記憶理解」、「程序執行」、「解題應用」與「分析思考」四類。在這樣的基礎上，我才會將提問簡單分成三大類，也就是概念性問題、程序性問題及延伸與應用。有了這樣設計的學習單做為支撐，學生漸漸可以自學，也漸漸各自發展出不一樣的進度。

分級學習單

同一個題目給不同的學生看，可以做三份不同等級的學習單，這是一個很大的工程。比如左頁圖3這個例子，看起來好像有三題，事實上這三題都是同一個問題，只是鷹架的多寡不同。程度好的學生，就留空白讓他自己發揮。一般程度的學生，給他一點提示。程度不佳的學生需要比較多的鷹架，並且以填空的方式一步一步帶著他們前進。如果你留空白給程度不佳的學生，他也會給老師空白。如果你給程度好的學生一大堆填空，他會覺得礙手礙腳，明明就會了，何必寫那麼多？

A提供的鷹架最少，C則只要填一點點就好。我們可以依據學生的需求，分層調整內容。如果能夠做到這樣，一定程度上就是差異化教學。

最重要的是，雖然學生的程度不同，但看影片自學希望能完成七成（平均百分之七十都會寫）。這七成基本上是看影片找答案，答案就在影片中。思考與討論的時候，藉由同儕的幫助再加兩成，最後一成是老師的澄清觀念。

最後要注意一點，製作學習單不是出題比

A級學習單

請比較 $(-3)^4$ 與 -3^4 的異同？

B級學習單

$(-3)^4$ 代表 ________________，讀作 ________________

-3^4 代表 ________________，讀作 ________________

$(-3)^4$ = ________________，-3^4 = ________________

C 級學習單

乘方	意義及運算過程	讀作	備註
$(-3)^4$	代表 _____ 個 (　) 連乘 (　)×(　)×(　)×(　) =__________		底數是 ________ 指數是 ________ 其值是 ______ 數
-3^4	代表 _____ 個 _____ 連乘之後再前面加個負號 -(_____×_____×_____×_____)=_____	__________ 或 __________	底數是 ________ 指數是 ________ 其值是 ______ 數

圖 3　課堂上依據學生的需求給予不同程度的學習單，可達到一定程度的差異化教學

賽，而是要讓學生覺得：這份學習單我會寫，原來數學沒那麼難。畢竟，「我可以」，是最大的動力。

數學也可以變成動畫——洋蔥數學

洋蔥數學是由一群熱情的年輕人組成，平均年齡二十七歲，將數學概念與解題過程以動畫呈現。一部六分鐘的動畫，需要二十五個老師和二十五個動畫師，花費六個星期製作，非常耗費資源與時間。但是，做出來的動畫品質非常高，也很受學生歡迎。團隊人數從二〇一七年的一百多人，到二〇一八年的三百多人，二〇一九年已經是將近八百人的團隊，成長速度非常驚人。這群年輕人積極的態度令人印象深刻。

與均一教育平台合作的過程中，有一次均一的夥伴傳給我一部特別的影片，這部影片以動畫的方式講解數學概念。當時覺得：哇！好酷，好厲害。後來經由均一教育平台的夥伴介紹認識了洋蔥數學的課程總監金政國老師。金老師看了我的課堂實錄影片後，對於我以學思達的模式上數學課感到好奇，也有很多疑問。二〇一七年五月，我經由視訊解答金老師和洋蔥數學工作人員的提問（參見後方附錄，頁66－68）。

這兩年，洋蔥數學的工作人員趁著參加學思達年會的空檔，到我的班上觀課交流，過程中，彼此都有成長與收穫。

在我的課堂上，除了融入均一教育平台的影片，有時也會使用洋蔥數學的影片，讓學生自行選擇。洋蔥數學的影片最大的特色是以動畫的方式呈現，顛覆學生對於數學的刻板印象。洋蔥數學 CEO 楊臨風閒聊時曾經提到，洋蔥內部對於動畫的要求很高，必須達到九十五分以上的水準。對於學生而言，不管什麼程度的學生對於動畫的接受度都很高。在數學的教學上對於幾何的問題，使用動畫呈現確實簡單明瞭，可以很直觀的讓學生一下子就懂了。

一開始我對於課堂是否要加入洋蔥數學的影片有些疑慮，包含：口音、簡體字、文化……學生是否能接受呢？後來我想到我的小孩看《喜羊羊與灰太郎》的卡通，對於口音和簡體字並沒有太大的阻礙。比較有顧慮的是兩岸數學用語的不同和文化的差異。而洋蔥數學的動畫製作精美，確實對一些學生有幫助。後來的做法是，先篩選出搭配知識點的影片，並將洋蔥數學與均一教育平台影片的 QR Code 一起加入講義中，讓學生自由選擇。

除此之外，洋蔥數學在學生看完一部影片之後，會馬上給學生三至五個練習題，題目簡單、題數少，大多數學生看完影片就能作答。這對學生學習數學的自信心與成就感的建立非常有幫助。甚至看到有些學生因此欲罷不能，一直往下看影片做題目。如果想要挑戰比較難的題目，可以進入「天梯試煉場」。洋蔥數學後台有ＡＩ與大數據的輔助，可以自動與附近地區程度相近的學生一起ＰＫ，增加趣味性與挑戰性。

近年來由於ＡＩ技術的成熟，洋蔥數學也將這些技術運用於診斷與預測。可以藉由少數的題目診斷出學生觀念不清楚的地方，並且指派這一部分的影片和題目給學生練習，達到精準學習的效果。也可以藉由過去學長姊的答題數據，來預測現在的學生在下一個單元的哪些問題可能會出現困難，需要老師放慢腳步多關心，當成是教學輔助的參考依據。

目前在教學現場遇到的最大難題就是：學生缺乏學習動機。洋蔥數學的動畫影片可以有效「點火」，讓這些學生重新燃起對數學的學習熱情。洋蔥數學的影片與目前課綱內容雖然有細微的差異，但是與一〇八課綱提倡自主學習的理念非常契合，是非常好的輔助工具。

在實際課堂的教學上，洋蔥數學、均一教育平台或是學習吧（LearnMode）搭配學思達教學法，以線上與線下整合的人機互動模式，目前來說是比較有效率的方式。

在課堂使用這些平台的影片，增加師生之間與同學之間的互動，能夠提高學習效率並改變課堂氛圍。在課堂上，平台上的影片和試題是老師的分身；討論的時候，同學是老師的分身，事先製作的講義是老師的分身，學生自己也是老師的分身。藉著數位學習平台的輔助，逐漸達到「差異化教學」的目標。

- 洋蔥學院（洋蔥數學）大陸站
  https://h5.yangcong345.com/
- 洋蔥學院（洋蔥數學）台灣站
  https://onion-academy.com/
- LearnMode 學習吧
  https://www.learnmode.net/
- 均一教育平台
  https://www.junyiacademy.org/

洋蔥數學工作人員對劉繼文老師學思達數學課的提問

Q 學生看影片自學的時候需要注意什麼？老師要做些什麼？如何培養學生看影片的習慣？

A 老師要注意學生有沒有專心，有沒有問題需要解答。學生看影片的時候，老師空下手來可以給學生一對一的指導，讓學習更有效率。每一節課都按照學思達的流程去做，就可以慢慢建立看影片的習慣。

Q 討論時，需要重點討論的內容是什麼？學生怎麼培養這些思維習慣？

A 討論的重點是準備上台報告的問題，或是上台前的預先演示。提問是思考的火種，上台報告時，老師會以提問、反問來澄清學生的觀念。漸漸的，學生會預想「老師可能會問什麼問題」，進而養成思考的習慣。

Q 影片是否能夠包括所有老師需要講解的內容？

A 均一的影片可以涵蓋所有的知識點，老師可以在紙本學習單做動態調整，增加或刪減以符合學生需求。

Q 學生看完影片之後直接上台發表，怎麼保證看影片的效益呢？

A 在學生上台表達之前其實經歷了一些過程：預習課本、看影片、思考學習單裡面的問題、與同學討論，再透過上台發表時老師的提問反問澄清觀念，這些過程可以幫助他們消化影片的內容，轉換為自己可以表述的知識。

Q 學生上台發表的時候，老師一直在追問，讓他們能夠更加深入思考，但如何確保沒有上台發表的學生也能集中注意力？

A 一、老師站的位置可以看到全班學生的狀況；二、老師的提問、反問也會拋給台下的學生，再配合增強機制，維持學生的學習動機；三、無法保證學生百分之百投入，但會比傳統講述法好很多。

Q 上台發表時，如何讓每個學生都有表現的機會？

A 要求每組上台一定要兩個人，一個負責講，一個負責寫。每次都要換人。

Q 老師如何引導學生提出更高階的問題？或者如何引導學生深入思考？

A 有效提問，激發好奇心，滿足成就感。

第2章

我的學思達實作——基礎篇

訓練學生自主學習的兩大原則是：少量多餐（我寫得完）、由淺入深（我會寫）。

培養學生閱讀理解的能力，重點在於「留白」，每一節課都留一點時間讓學生看題目、思考及討論。

引領學生思考，關鍵是提問的技巧、適時為學生搭鷹架，以及忍住不說答案。

壓力×助力×鼓勵＝學生上台表達的動力。

你心目中理想課堂的圖像，是什麼樣貌？
有人說：「按下播放鍵，老師在一旁休息，學生就學會了。」
有人說：「一對一的教學，才是好的。」
有些人覺得：「上課必須討論，或是有發言的機會。」
也有人說：「學生安靜坐在那邊乖乖聽，就是最好。」
我心目中最理想的課堂圖像，到底是什麼樣的呢？我一直在問自己。直到看了張輝誠老師（學思達教學法創始人）在網路上的影片，這個問題才漸漸有了輪廓。

學思達與我

二〇一三年，新北市開始推動學習共同體。當時，讀了佐藤學《學習的革命》這本書後，想要改變自己教學方式的念頭就開始在心裡萌芽。

二〇一四年一月二十五日，公益平台基金會與誠致教育基金會共同辦理翻轉教室工作坊。雖然未能參與這場工作坊，其中的兩項預習作業卻對於我日後的教學產生了很大的影響。

第一項預習作業是閱讀《可汗學院的教育奇蹟》，這本書啟發了我投入線上教學影片製作，並奠定我實行差異化教學的重要基礎。第二項作業則是閱讀張輝誠老師「學思達教學法」的文章，這是我和學思達第一次且非常重要的相遇，因為學思達真正開啟我嘗試改變教學的一扇窗。

雖然沒能參加研習，但經過一段時間之後，我在網路上看到了這場翻轉教室工作坊研習現場的實錄影片。在線上看完輝誠老師的演講，當下就覺得這真是一個不錯的教學方法，於是著手開始在我的課堂中實施學思達教學法。

但一開始並不順利，最困擾的是進度問題。在傳統講述法中，課本上的範例和隨堂練習，都是由老師講解，「進度」掌握在老師手中，要跟學生多談些概念或者要趕進度，都不會是問題。改成學思達模式後，題目的講解改由學生上台報告，一整節課下來，往往學生只能報告個二至三題，除了進度嚴重落後，學生上台時總會拖拖拉拉，狀況非常不好。

實施一週之後，我的學思達首發便草草結束。心想，學思達應該只能應用在市區明星高中的國文課，無法應用在國中常態編班的數學課。

但是，改變的心並未停止。

結束學思達教學法的短暫體驗之後，我轉而嘗試結合課堂活動與學習內容，做了很多課堂活動的嘗試，包含畢氏定理拼地磚、十字交乘法大隊接力、配方法擂台賽、聽牌術（配合等差數列）等。但是，這些活動的發想並不容易，有時候參考其他老師的做法，有時候是自己的靈機一動，甚至有時候是在步入課堂的前一節下課，才想到應該怎麼做，非常不穩定，很難形成固定的模式。

就這麼東試一下、西試一下，一直無法突破，直到二〇一五年三月十六日第一次到中山女高張輝誠老師的課堂觀課。

還記得那次上課，學生一進到教室就拿起講義開始自學。反倒是張輝誠老師氣定神閒的走到後面向觀課老師說明學思達教學法的流程。我心想：今天是課堂裡有這麼多老師來觀課，輝誠老師得招呼這些老師，如果課堂上沒有人來觀課，學生也沒有任何問題的時候，老師是不是還可以做得更多呢？這個想法對於我日後在課堂內實施差異化教學有很大的啟發。

接著張輝誠老師讓學生思考問題並討論，最後就是抽籤讓學生上台發表。每一節課的流程都是固定的。

回家後，我又重新看了張輝誠老師的影片，其中一張投影片的內容令我印象深刻：「老師為什麼不敢隨時開放教室？」

以前我把重點放在開放教室，後來我才恍然大悟，原來重點是「隨時」兩個字。既然要隨時開放教室，就必須要有固定的模式、固定的流程，而每一節課只是教學內容、材料的不同。

在改變的過程中有兩個最大的難關：一是進度，二是成績。進度可以自己調整，但成績就不是我可以掌握的事情。

還記得有一次段考結束，某一個科任班的導師對於班上學生的數學科成績非常不滿意，甚至在辦公室向其他人抱怨，我聽見的當下感到非常挫折與沮喪，但也點燃了內心的小宇宙，讓不服輸的我義無反顧的全心投入。

於是我調整策略，先讓自己的導師班能夠做到隨時開放教室，再慢慢複製到科任班。我準備兩支麥克風、計時鈴、計時器、籤筒、小組互評的計分舉牌，還有A3大小的小白板、白板筆。接著就是依循學思達的操作流程，讓每一節課的模式固定下來。經過一段時間的堅持與努力，終於在二〇一五年四月十九日於親子天下翻轉教育的開放教室資訊平台上貼出課表，開放教室讓其他人來觀課。心裡面一直想著可能會有人來觀課，必須隨時做好準備，因此每一節課都能夠維持高品質。而學生的上課表現和段考成績都非常優異，也成為我繼續堅持的動力。

回想一開始摸索學思達教學法時，確實是跌跌撞撞，吃了不少苦頭。我一度很想放棄，心想乾脆回到原來的講述法教學，那可簡單多了！後來慢慢想辦法修正，終於漸漸步上軌道。我把這段歷程寫下來，希望讓大家可以順利展開學思達教學法。

開始前的準備工作

學思達有五個簡單的步驟：學生自學、思考問題、分組討論、分享表達、老師補充。為了在課堂上完整操作這整個流程，我預先做了許多準備。

1 麥克風兩支

(1) 麥克風一支給老師用，一支給學生用。

(2) 有些學生聲音太小需要麥克風，另外就是麥克風代表發言權。

在學思達的課堂上，常常需要討論，有時候學生會在其他人上台報告時竊竊私語，這時候可以告訴學生：麥克風代表發言權，請尊重拿麥克風的人。

2 計時鈴、計時器

(1) 計時器在學思達課堂很重要，有計時才能讓課堂更有效率。

(2) 誰計時呢？誰按鈴呢？很多老師會有這個疑問。

在一個常態編班的班級裡，常常有一兩個「客人」，通常是學習動機低落或是班上的邊緣人物。如果這一兩個學生趴下睡覺，接著趴下的學生會愈來愈多，造成課堂效率低落。通常請學生幫忙計時和按鈴，學生都會很樂意，因為大家都要聽他的。這位學生還會提醒大家：時間到了喔，老師你看那一組還在討論，他們違規！甚至有時候倒數一分鐘，就開始讀秒，59、58、57……。先讓這些學生參與進來，找機會拋問題給他回答，幫助他答對，建立信心。

(3) 有些老師會問：如果「客人」很多呢？那就輪流。對某些學生而言，幫大家計時按鈴是一件有趣的事情。

3 全開白板紙加護貝膠膜

(1) 在學思達課堂中，「表達」很重要。但是，數學科的表達和其他科目不太一樣。數學有式子、有圖形、有計算或證明過程，需要比較大的書寫空間。

(2)一開始我嘗試A3大小的軟磁鐵白板，後來又嘗試桌面大小的白板，發現都太小，上台演示時，坐在後面的學生看不到。後來，朋友介紹我去買「全開壁報紙加護貝膠膜」，再加貼軟磁鐵即可。一張不到五十元，便宜好用又好收。有些老師買了全開的磁鐵白板，不但貴而且很重，折線容易斷裂，不好收納。

(3)讓學生在討論的時候先寫在這張特製的白板紙上，一組一組上台報告的時候就會非常流暢。

4 白板筆和工具包

(1)白板筆建議準備紅、黑、藍三色即可（最清楚），可以換補充墨水，也比較省。

(2)準備一個夾鍊袋，除了放白板筆，再放入小板擦、小酒精瓶（擦白板紙用），好發也好收。

5 學生分組

(1)如果是一開始接新班，建議先採取異質分組的做法，每組四個人。一開始先讓學生自己去找夥伴，兩人一組。並且規定一個期限交名單給老師，如果到時候沒交，就由老師幫你排。老師拿到名單後，如果是兩個強的一組，就配兩個弱的；兩個女生一組，就配兩個男生。每次段考換座位調整，期間如果發現不適合可以微調。

(2)誰會先交名單給老師呢？通常是班級裡的強勢小團體。

(3)誰會沒交名單？跟大家都好的學生或是被排擠的學生，這時候要私下拜託學生幫忙，讓小組內至少有一個對他友善的連結。

「學」——自學

你今天幫學生「轉餅」了嗎？

每一個從事教育工作的夥伴，都會認同我們最終的目標是要培養自動自發、自主學習的學生。然而我們是不是真的朝著這樣的目標邁進呢？每天，我們進教室的第一句話，其實就透露出答案。我們進教室時，對學生說的第一句話經常是：「各位同學，請打開課本第○頁。」這常常使我想起小時候聽過的一個寓言故事。

我在演講的時候，也經常提起這個故事：

有一個很懶惰的農家婦女，家裡的大小事務全都靠丈夫操持，她只知茶來伸手、飯來張口。有一天，丈夫要去遠地辦事，五天以後才能回來。他看妻子懶惰慣了，不會做飯，怕她挨餓，便特地做了一個中間帶孔的大餅給她。這個大餅大約有七八斤重，足足夠她吃上五天。臨行前，丈夫生怕妻子忘了吃飯，便把大餅套在妻子的脖子上，這才放心出門了。

五天後，丈夫回到家，鄰居告訴他，妻子已經餓死三天了。他嚇壞了，推門一看，妻子直挺挺的躺在地上，那張大餅還套在她的脖子上，只是靠近嘴的地方吃了一小塊。雖然他在妻子的脖子上掛了一張餅，妻子還是因為不會轉餅而餓死了。

小時候聽這個故事覺得十分荒誕，後來突然感悟到，自己每天都在做這樣的事；每當我進到教室，對著全班的學生說：「各位同學，請打開課本第○頁。」承載著知識的餅（課本）就被我轉到了學生嘴巴的正前方，接著我便一塊塊撕得碎碎的，餵進學生嘴裡。

每次演講時說完這個故事，我總會問現場老師一個問題：我們是不是也常常幫學生「轉餅」？同學們，現在請翻到第七頁（學生吃一下第七頁），現在請翻到第八頁（學生再吃第八頁）。

若老師一直這樣幫學生「轉餅」，學生畢業之後會「餓死」，他始終無法自主學習。

學生會自己轉餅嗎？

老師們常遇到幾個場景。今天教到第○頁，隔天上課問學生前一天教到哪裡，有部分學生答不出來；如果再隔個一天，恐怕還要翻一下才能確認；如果詢問是否有學生自動預習接著往下看？可能很多老師都會很失望。一個單元教完了，如果老師沒有明確的將習作指派為回家作業，恐怕會自動寫習作的學生寥寥無幾。

我們或許會感慨現在的孩子不如從前，但其實更大的可能是，我們的教學方式無意間培養了孩子的被動等待。我們試著從學生每天在學校的「體驗」來看，如果第一堂課的老師一進來就說：「各位同學，打開課本第○頁。」第二堂課的老師一進來也說：「各位同學，打開課本第○頁。」到了第三節課，老師一進來還是說：「打開課本第○頁。」試問，學生還需要注意老師教到哪裡嗎？還需要思考下節課要教什麼嗎？這樣的「體驗」教會了他什麼呢？

所以，當我們最終的目標是要培養自動自發、自主學習的學生時，我們是不是「真的」朝著這樣的目標邁進呢？

每一天的課堂上，每一位老師都要做很多的「教學決定」，這些教學決定有的很大，關乎整學期課程的規劃；有的很小，僅是我們如何回應學生。但這些很小、很細微的「教學決定」，有時會和我們長遠的教學目標背道而馳。

比方說我們想教出自動自發、自主學習的學生，卻做出「手把手，帶著走」的教學決定；我們想教出會思考的學生，卻做出「滿堂講，有問必答」的教學決定；我們想教出具有解決問題能力的學生，卻做出「事必躬親」的教學決定；我們想教出能承擔責任的學生，卻做出「不斷叮嚀，即刻救援」的教學決定。這樣的例子不勝枚舉，而我們是否曾經清楚意識到，並且認真思考過？

如果我們真心想要讓學生自己轉餅，就應該讓出一個空間，讓學生有機會走在我們前面，開始試著靠自己的力量學習。

就如同輝誠老師的學生當年問他的那一句話：「為什麼不把備課手冊印給大家就好了？」國中數學課本何嘗不是呢？每一道範例的完整解答，事實上都寫在課本裡了，為什麼我們不讓學生自己先看、試著理解？有時候，就是我們這些老師說太多，以為

「老師講完，學生就學會了」，而這往往就是最大的問題。

如何教會學生自己轉餅？

老師該怎麼做，才能教會學生自己轉餅呢？

我們應該把所有的食材都放在桌上，但不是餵食學生，而是教學生如何使用刀子、叉子、筷子、湯匙。一顆蘋果放在桌上，我們教他如何使用刀子削皮、切塊，再用叉子把蘋果放進嘴裡。教學生釣魚而不是給他一條魚。

到底什麼是「刀子」、「叉子」、「筷子」、「湯匙」呢？我認為就是學思達所強調的自學、思考和表達的能力。其中又以自學的能力最為重要。還記得在二〇〇二年看了一部電影《關鍵報告》，由湯姆·克魯斯主演。其中有一幕讓我印象很深，主角在一個大螢幕前用雙手放大縮小，不斷滑動。當時覺得很神奇，但現在我們每天都在滑手機。知識的保存期很短，我們現在「教」給學生的知識，沒多久就可能落後了，不適用了。

學思達教學法在每一天的每一節課都在培養學生自學、思考、討論、表達的能力，再利用心智圖培養解讀文本的能力，從影片公播到影片自學，培養學生解讀影片的能力和看影片自學的能力。讓學生學會自己轉餅，培養每一個學生成為終身學習者。

華碩董事長施崇棠說，未來需要既深又廣的T型人才。所謂「既深又廣的T型人才」，我認為對教育的意義是：我們必須培養學生成為一個「快速學習者」。這也是學思達最強調的「自學能力」。

自學第一步——從課本例題開始

學生該如何自學？自學的內容是什麼？自學的材料又是什麼？我們可以先從「學」的古字來看（參見圖4）。中間的「爻」是算命、占卜或教具的意思，下面類似「冂」字形表示一間學校，學校下面像一個「子」的形狀是學生的圖像。最特別的是，兩邊的「臼」很像兩隻手的形狀。意思是說，以往的「學」主要是師父帶著徒弟，手把手的教他。但是，現在的學可以跟師父學，也可以跟書本、影片、

圖4　學的古字

網路學。當然，還可以自己學。自學是學思達很強調的一個能力。

問題來了，既然是自學，表示沒有老師在旁邊，那麼自學該跟誰學呢？

我初期是以數學課本來訓練學生自學的能力。數學課本編排的方式大致如下：概念解說、例題、隨堂練習。例題通常都會有答案，我把例題當成自學的材料，請學生課前預習，自己看例題（閱讀），接著模仿例題寫隨堂練習，然後再自己對答案（檢核）。例題當成自學的材料，隨堂練習也完成了，上課就不必講，可將上課時間用來進行其他活動。

後來我發現這樣做會有一個問題。學生要模仿例題算出答案很簡單，比方說，需要代入公式的問題，仿照例題代入公式，就可以得到答案。但若要知道公式是怎麼來的？為什麼要使用這個公式？那就不太容易了，學生往往知其然而不知其所以然。

於是我要求學生上課時先進行共學討論，課前預習時不懂、不會的地方，會的人可以教不會的人。到這個階段，老師還沒介入，一直到抽籤上台報告，才由老師澄清學生的觀念與重點、疑難。這個流程可以參考圖5（頁84）。

從圖5可以發現，上層是數學概念的建構，下層是習題的精熟。

上課前請學生預習數學課本、自學例題寫練習。上課的時候再進行數學概念的建構，一開始先請學生自行閱讀課本上除了題目之外的文本，也就是概念的部分；接著進行思考與討論，討論完再借助老師的提問，讓學生把重要概念萃取出來，之後以心智圖的形式畫出來。這是上層概念建構的過程。

概念建構大概需要花十五分鐘的時間。學生的注意力大概只有十五分鐘，所以每十五分鐘就必須要切換一個模式。接下來讓學生討論，討論內容就是學生預習的題目。討論完之後上台分享表達，這裡很重

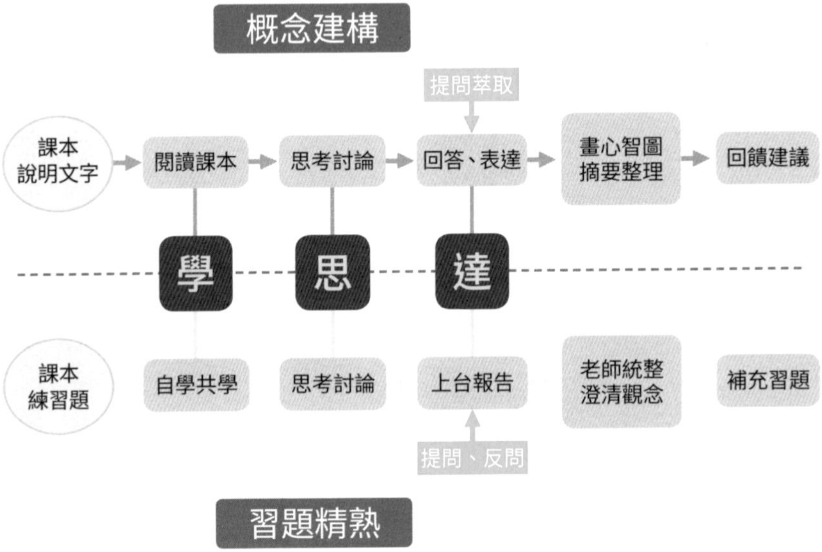

圖 5　培養學生自學能力的流程

要的一點是，必須配合老師的提問，藉著提問去澄清學生的觀念、重點、難點和容易錯的地方。

最後再做一個習題的精熟，利用均一平台與習作習題進行精熟練習。一開始我也認為精熟沒那麼重要，數學只要理解概念就好。但是大環境下，我們仍然要考試，四十五分鐘的考試時間裡，要考二十題到二十五題，考的不是思考表達，而是解題的速度。學生一個很重要的成就感或者挫折感的來源，是來自於考試，所以老師必須做適度的妥協。

訓練自學的兩大原則

1 少量多餐

就像是吃維他命，一天一粒增強抵抗力。如果一天吃十顆，其他九天不吃，效果就會打折扣。讓學生自學也是如此，每天寫二至三頁，一方面分量不多，一方面可以養成習慣。讓學生覺得「我寫得完」，學生才願意去做。如果一次給太多作業，有一些學生就會因此放棄。放棄之後就像是木炭被潑一盆冷水，日後想點燃就會更困難。

2 由淺入深

從簡單的開始，不要一下子就給學生太難的內容，以免他很快就放棄了。舉個例子來說，有些老師會買坊間測驗卷（大黃卷）來小考，如果學生考不好，就再考一張稍微簡單的大白卷。如果還是考不好，再考簡單的小白卷，或者出兩題課本的類似題。但我們常發現，學生考不好的原因，往往不是題目太難，而是很早就放棄了。如果把上面小考的例子倒過來，先考課本類似題，再考小白卷、大白卷、大黃卷，這樣可能會有完全不同的結果。讓學生覺得「我會寫」，是養成自學能力的關鍵因素。

圖 6　「少量多餐」與「由淺入深」是訓練自學的兩大原則

從最簡單的任務開始指派，學生覺得自己有能力完成，當開始指派比較困難的任務時，他心裡覺得：「我應該會。」那麼就會願意去嘗試。「我會寫」是一個很重要的動機，比其他任何獎勵都來得更好，因為這是靠內在動機推動。

所以，自學的兩大重點是：「我寫得完」、「我會寫」。

「思」——思考與討論

訓練思考的關鍵是提問

我一直認為數學的本質就是「思考」，數學家透過觀察歸納建立原理原則，用這些原理原則來建立數學模型，再藉由數學模型的推演掌握變化。其中許多的歸納、抽象、演繹、辯證的過程都是思考的運作。然而數學教育怎麼「促動」學生思考呢？

很多數學老師都體驗到數學思考的美，急著想把這份美的感受和學生分享，所以把許多解題過程中的考慮和思路，說得非常詳細甚至引人入勝。我自己在教職早期也是這樣的做法，但這樣的教學方式真的能讓學生思考嗎？有機會讓學生樂在思考嗎？

請大家看底下的圖7，假設我們在路上看到左圖這條馬路，請問你會朝哪裡走？

毫不考慮，一定勇往直前！

但是，如果看到右圖這條馬路，你會朝向哪裡走呢？

你可能會想一想，向前幾步，觀察是否有車輪的痕跡或是其他蛛絲馬跡；再向後走幾步，想一想、思考一下、分析一番，最後決定向前（後）走。走錯了也沒關係，重來就好。

左邊的圖就好像是老師直接告訴學生正確的答案與做法，右邊的圖則是老師忍住不說出答案，讓學生有思考的機會，多了一個探索的過程。

圖7　你會選擇朝哪裡走？（劉繼文攝影）

這裡我想說一下「留白」這件事情。

今年（二〇二〇年）國中會考，數學科非選擇題第一題，全國零分卷數共有七萬多人，將近三成四。師大數學系謝豐瑞教授表示，這一題只要看懂題目，國小程度就能計算出來。

可見很多學生的問題不在於不會算，而在於看不懂題目。我們平常上課該怎麼教？怎麼培養學生的閱讀理解能力？

常見的情況是老師直接教學生如何解題，再多講幾題加深印象。但是老師直接講解，學生沒有經過思考，很容易變成是「背題」，有背到、有看過就會，遇到沒看過的題目就手忙腳亂。

培養學生閱讀理解的能力，重點在於平常每一節課堂中的「留白」。

每一節課都留一點時間讓學生看看題目，留一點時間讓學生思考，留一點時間對話——「你看到了什麼？還有呢？為什麼？……」

● 二〇二〇年國中會考數學科相關新聞
https://udn.com/news/story/12998/4615038

最重要的是，老師得忍住不說出答案。

閱讀理解沒有奇蹟，只有累積！

我們都知道「要怎麼收穫，先怎麼栽」，當我們想收穫的是「學生會思考」，甚至是「學生樂在思考」，我們要怎麼「栽」呢？

我認為，關鍵是提問。「提問是思考的火種」，藉由提問來促動學生思考，是正確的教學決定，因為提問可以促動「好奇心」，而「好奇心」會引發大腦對求知的「想要」，進而成為學習的動機。

我看過一部影片，主題是網路怎麼運用「好奇心」來引誘我們的大腦，影片中提到，「好奇心」和食欲、性欲一樣，是人類的基本欲望，和好奇心相關的大腦區域是負責獎勵機制的伏隔核，這個區域同時也影響成癮行為。

由於人類必須依賴自己所建立的模型存活下來，所以會想辦法建立模型，這個建立模型的行為就是「學習」，而「好奇心」便是演化出來促進學習的獎勵機制，因此每個人都是一部終身好奇的學習機器。

但是這個論點和一般的認知不同，很多老師認為學生不喜歡學習。影片進一步解釋，我們不是不喜歡學習，而是不喜歡不符合大腦特點的學習方式。當我們飢餓時，大腦會產生食欲，讓人非常渴望進食；學習和進食一樣，當我們對知識飢餓時，大腦會產生求知欲，也會非常渴望學習。但多數人的學習並非如此，只是知道自己需要學習，卻沒有先產生好奇心，最終變成了強迫自己去記憶知識，又怎麼可能會喜歡。所以影片的結論是，「激發好奇心」才是促動學習的關鍵。

基於大腦的特性，我採用「提問↓好奇心↓思考↓學習」這個教學路徑。

那麼，要如何設計提問呢？

依數學科的學習材料，我將提問的內容分為三類：基本概念、迷思概念、延伸概念。基本概念的問題設計目的在了解題意、定義、性質、核心概念等，幫助學生閱讀理解、正確提取訊息，並且確認學生了解多少、過程有沒有做錯或是算錯，通常會使用「什麼是……」、「怎麼做……」、「看到什麼……」等句型。

迷思概念的問題設計目的在處理易錯、難懂、容易混淆的內容，幫助學生澄清、統整，並提醒學生留意這些特殊材料，通常會使用「對嗎？」、「為什麼……」等問句。

至於延伸概念的問題設計則著重在進階、跳躍、擴散，目的在幫助學生反思、討論、對話、創造更高階的思考與挑戰，通常會使用「如果……」、「有沒有別的方法……」等問句。

一開始要提出好問題並不容易，我這樣訓練自己的提問能力：每次學生上台，我「逼」自己一定要提一個問題；接下來我「逼」自己一定要追問一次；最後要把一件事情放在心上——「要學生站起來回答問題，就要想辦法讓他答對」。

用鷹架扶一下學生

通常學生在基本概念的提問上會得到肯定與成就感，這同時也是讓他願意參與學習的關鍵。而在迷思概念與延伸概念的提問上，就能經常性的激發好奇心、思考和學習，但老師在做這些提問時，仍然必須適當給出鷹架，因為回答問題對學生的大腦而言是一個「冒險」，答對了固然會產生腦內啡給大腦正向回饋，但答錯了也可能帶給大腦負面經驗，產生習得的無助感（Learned helplessness）。所以我通常會在心裡預設一個「站起來回答，就要讓他答對」的立場，基於這個立場為大腦創造一個「安全無虞又具挑戰」的感受，所以「提供鷹架」就成為「提問」必要的配套措施了。

鷹架是一種「扶一下」的概念，目標在動態的維持一個「安全無虞又具挑戰」的心理環境，因此它是一個「感受—權衡—行動」的過程。感受是感受學生的心理壓力，權衡是判斷安全無虞的底線能否被保障，比如當學生出現低下頭、紅起臉的肢體動作，顯然壓力已經爆表，讓他決定放棄，而當學生看著題目，身體不會過度緊張，眼神還充滿靈動，代表大腦還能思考運作。當然，學生在教學現場透過肢體、表情、眼神所提供的「隱訊息」不見得那麼清晰，端賴平時老師對學生的認識與觀察所形成的內隱智慧才能做出權衡判斷。而行動便是依據權衡判斷後，所形成的作為與不作為。作為是給鷹架，不作為則是給予情感支持、更多的耐心與待答時間。

當權衡判斷老師應當給出鷹架後，鷹架的給法必須像出菜一樣，一道一道上，主要是避免過度引導，因為藉由提問創造思考是主要的目標，一旦過度引導，就失去了原本的目標。

給鷹架引導一道一道出菜時，有一些可以參考的做法，由「弱支持」到「強支持」，可能的做法有：「請學生重新朗讀題目」、「請學生進一步解釋題目的意思」、「澄清題目中少部分關鍵訊息」、「澄清題目中更多關鍵訊息」、「提示可能的方向」、「以問句形式引導關鍵推論」、「提供答案的半陳述讓學生接續」、「提供答案的完整陳述結構，但在關鍵處留空」、「允許找朋友救援」等（參見下頁表2）。

表 2　老師以提問為學生搭鷹架

強度	弱支持→強支持	
順序	「請學生重新朗讀題目」→「請學生進一步解釋題目的意思」→「澄清題目中少部分關鍵訊息」→「澄清題目中更多關鍵訊息」→「提示可能的方向」→「以問句形式引導關鍵推論」→「提供答案的半陳述讓學生接續」→「提供答案的完整陳述結構，但在關鍵處留空」→「允許找朋友救援」	
例題	有一丟銅板遊戲，其規則是丟出正面得 3 分，丟出反面得 2 分。小民參加此遊戲，共丟了 26 次，得 68 分，求小民共丟出幾次反面？ (A)6　(B)10　(C)13　(D)20　(98 年第 2 次基測)	
支持	**老師提問**	**鷹架**
弱支持↓強支持	「請你重新唸一次題目。」	「請學生重新朗讀題目」
	「你覺得這個題目的意思是什麼呢？」 「你可以多說一點嗎？」 「題目裡面提到哪些關鍵的數字呢？」	「請學生進一步解釋題目的意思」
	「丟銅板的結果有幾種呢？」 「丟出正面得 3 分，丟出反面得 2 分，這是什麼意思呢？」	「澄清題目中少部分關鍵訊息」
	「小民一共丟了幾次呢？」 「小民一共得幾分呢？」 「丟 26 次是什麼意思呢？」 「得 68 分是什麼意思呢？」	「澄清題目中更多關鍵訊息」
	「題目要問什麼呢？」	「提示可能的方向」
	「第一步該怎麼做呢？」	「以問句形式引導關鍵推論」
	「題目問小民丟出幾次反面，所以我們可以假設……」	「提供答案的半陳述讓學生接續」
	「我們假設正面出現 X 次，反面出現 Y 次，題目說一共丟了 26 次，所以可以列出……」→「我們假設正面出現 X 次，反面出現 Y 次，題目說一共丟了 26 次，所以可以列出 X+Y 等於多少呢？」	「提供答案的完整陳述結構，但在關鍵處留空」
	「要不要請你的好朋友幫忙呢？」	「允許找朋友救援」

在這些支持下，學生應該都可以答對，但伴隨著支持愈來愈強，學生在思考上的收穫也會向下遞減。在這種情況下，雖然我盡力做到「讓學生站起來回答，就要讓他答對」，但在這個層次上只是讓學生有成就感，對思考力的提升有限。所以我建議當學生在這種強支持的情況下回答完問題之後，老師可以延伸一個動作，來強化學生的思路——「讓學生講出百分百完整的答案與論述」。

在強支持下答對的學生，答案通常是不完整的、斷裂的，這個時候放手，會讓前半段的努力白費。所以我們必須抱持一個心態，最起碼要讓這個思路與他大腦的神經路徑連結起來，所以當學生在強支持下答對後，請給學生鼓勵（降低心理壓力），並且延伸一個活動，讓他講出百分百完整的答案與論述。我們可以讓學生複述同學救援的答案，接著請他用自己的話解釋一遍。

如果學生複述或是解釋得不完整，通常也意味著這個思路還沒在他的大腦中連結起來，此時不妨透過一些小技巧讓他多練習幾遍。比方說，可以請離他最遠的同學複述和解釋一次，接著問目標學生說：「你可以和他說得一樣大聲嗎？」然後請他再複述和解釋一遍。或者問離他較遠的同學：「聽得清楚嗎？」再回過頭來請目標學生複述和解釋。藉由這些小技巧，目標學生可以反覆練習數學說理，在數學說理的過程中，思路會漸漸通順起來，大腦神經連結也會經由刻意練習而變得較為強固。幾天後，如果再遇到相同的材料，再讓目標學生練習說幾次，效果就會很好。

這個小技巧還有一個好處是，其他學生會被教室內正在發生的事吸引，並且反覆聽到這個數學說理，等於為這個材料畫重點，同時增強其他學生腦海中的印象。

急迫的耐性

提問的技巧除了好問題及鷹架，還有一個很重要的元素是耐性，而且不是一般的耐性，是「急迫的耐性」，原文是「Urgent Patience」。第一次見到這個詞是在全美最大的特許學校KIPP（Knowledge is Power Program）所制訂的卓越教學架構裡，當下就覺得這個詞把老師心裡急著想要學生答對，但又必須保持耐性，外表淡定的給足時間那種心情，描述得十分精確。

「急迫的耐性」點出「待答時間」的重要性。時間這個元素在老師提問的過程中，也是動態調整的元素。我把師生問答節奏分成三類，分別是桌球式、網球式和棒球式（參見表3）。桌球式的問答屬於快問快答，適合用來處理基本概念問題。網球式的

表 3　師生問答節奏的三種類型

	基本概念	迷思概念	延伸概念
性質	澄清題意、定義、性質、核心概念、確認學生了解多少、過程有沒有做錯或是算錯	幫助學生澄清、統整，並且提醒學生留意這些特殊材料	幫助學生反思、討論、對話、創造更高階的思考與挑戰
常用問句	「什麼是……」 「怎麼做……」 「看到什麼……」	「對嗎？」 「為什麼……」	「如果……」 「還有沒有別的方法……」
運用方式舉例	什麼是圓？	圓心算是圓的一部分嗎？	怎麼畫一個半徑 2 公尺的圓？
	什麼是相反數？ 請在數線上找出 3 的相反數所在的位置。 在這個題目裡，你看到什麼訊息？	他這樣子做，對嗎？ 為什麼？	數線上有兩點 A、B，坐標分別是 3、7，如果要在數線上移動 A、B 兩點，讓這兩點所代表的數字成為相反數，應該怎麼移動呢？
提問節奏	桌球式	網球式	棒球式
特點	快問快答，讓學生站在自己的座位上回答問題，老師提問或反問，讓學生萃取出正確答案	留一點時間讓學生思考與討論，之後再請學生上台分享表達	留更長的思考時間，當節課沒回答出來也沒關係，可以延伸到課後；也可以配合有獎徵答，讓課堂氣氛更加活潑

問答有較長的待答時間，適合迷思概念。而棒球式的問答，師生雙方像投手和打擊者，投手準備好，打擊者也準備好，將球投出，打擊者有可能打到甜蜜點，獲得一支滿貫砲，當然也有可能揮棒落空，不過別擔心，只記一好球，不會出局，適合用來處理延伸問題，就像有獎徵答。在處理網球式和棒球式問答時，「急迫的耐性」就是老師要注意的功課。

「我沒教啊！」

學生在 Messenger 傳了一個題目過來。

「若 a 是整數，且 a 的絕對值小於 5.6，則 a 可能是多少？」

學生——老師，這題怎麼寫？

老師——絕對值的意思是？

學生——與原點的距離。

老師——所以題目的意思是？

學生——5.6大於a的絕對值。但我不知道a是正數還是負數。

老師——絕對值的意思是？

學生——與原點的距離。

老師——5.6大於a的「絕對值」這個題目的意思是？

學生——a是多少。

老師——你先思考一下：5.6大於a的「絕對值」這個題目的意思是？

學生——我想一下。（思考中……）

老師——a和原點的距離會是？

學生——比5.6小。

老師——所以a可能會是多少呢？

學生——可以複選嗎？

老師——當然可以。

學生——哦，原來。哈哈哈！

老師——答案是？

學生——-4、-3、-2、-1、1、2、3、4。

老師——還有呢？

學生——0。

老師——還有呢？

學生——5、-5。

老師——所以，把你的答案整理一下，a可能是？

學生——-5、-4、-3、-2、-1、0、1、2、3、4、5。

老師——太棒了！

學生——謝謝老師！老師教得好。

老師——我沒教啊！

面對未來的挑戰，老師的角色必須從「知識的傳遞者」轉變為「知識的啟發者」。「忍住不說出答案」是第一個必須練習的功課。

分組討論——同質分組與異質分組

前面提到給鷹架像出菜的概念，有一個我很常用的鷹架是「允許找朋友救援」，也可以稱做「同儕鷹架」。國中生正處於建立自我認同的階段，「同儕」是大力丸等級的增強劑。面對挑戰時，如果有同儕的支持，學生的表現會特別給力。也因為如此，我在很多地方都放入「同儕鷹架」，比方說，回答時可以找同學救援、上台時至少兩個人或整組上台發表、有問題先找同學問……，當然還有最重要的分組，幾乎是學習進展不可或缺的重要鷹架。

一般來說，分組時通常有兩種選擇：異質性分組和同質性分組。同質性分組指的是A咖學生一組、B咖學生一組、C咖學生一組。異質性分組指的是每一組裡面都有A、B、C咖的學生。目前大部分老師採用的是異質性分組。

我一開始在兩種選擇中有點困惑，經過一段時間的探索後，大致有一些心得和想法。在「同質分組」的情況下，要給差異化的材料；而在異質分組的情況下，有時候學生會說：「老師，不公平，他們那一組比較強。」推動異質分組的動力是小組之間的競賽，希望小組內強帶弱，把C咖帶上來，並以整組達到同樣的水平為主要目標，是一個既競爭又合作的模式。

建議一開始採用異質分組的模式，比較容易操作，只需要一個版本的講義，利用小組競賽便很容易把課堂氣氛炒熱，也有很多火花與交流。但是強帶弱是否真的能拉

C咖上來？A咖會不會受影響而無法超前？這兩個問題一直沒有找到更好的解答。

這也是我後來選擇同質分組，給不同材料，做三軌學思達的原因（後來加入自學元素後演變成多軌，甚至是一人一軌的個人化學習模式）。

雖然我選擇的是同質分組這樣的同儕鷹架，分組的方式還是要特別注意。有些老師會以分數做為分組唯一的依據，比方說，八十分以上是A組，六十至八十分是B組，六十分以下是C組。這樣的分組方式是以單一的成績做為評斷的標準，很容易誤判。也許A組某些同學只是做了很多練習，一心想要考高分，也許C組的同學只是還沒有找到學習的方法。

分組，分的是人，不是分數！

分組必須在學生的個人特質和人際脈絡這個前提上進行。舉例來說，兩個學生是好朋友，其中一個段考八、九十分，另一個不及格。但是這兩位學生分在同一組的話，會互相幫忙、互相帶動，甚至下課時間和放學後也會花時間討論課業。將他們分在同一組又有何不可呢？不過，即使考慮到學生特質和人際脈絡，也可能會遇到窒礙難行的地方，建議保留一些微調的彈性。

有些老師問我：如何分組最好？

我認為，無論是異質分組或是同質分組，都必須建立在「學生的需求」與「學生的選擇」這兩個基礎之上。我的做法是每次段考後調整一次分組，讓學生自己選擇講義版本，自己選擇要在哪一組、跟誰一組。選擇版本，就是選擇了學習的方式與前進的速度；選擇要在哪一組、跟誰一組，就是選擇學習的夥伴與同儕鷹架。國中的孩子需要培養選擇的能力，學習選擇與承擔。

分組座位安排

一般排排坐的座位並不適合討論。起初我將兩排兩排合併，中間切開變成六組。後來發現兩兩討論雖然比較容易入手，但是有時候兩個人不合，吵架了或是鬧翻了，討論就很難成形。最大的缺點是連結不夠，討論的對象受限於隔壁的同學，轉頭過去討論很不方便。

正因為討論是表達的基礎，我很重視組內的「連結和催化」，從物理環境上來說，四人一組，桌子該怎麼擺才能創造更多連結呢?經過很多嘗試，我選擇「雙L」，而不是「雙併」。「雙L」的擺法，兩人只需要各轉四十五度，而「雙併」兩人得各轉

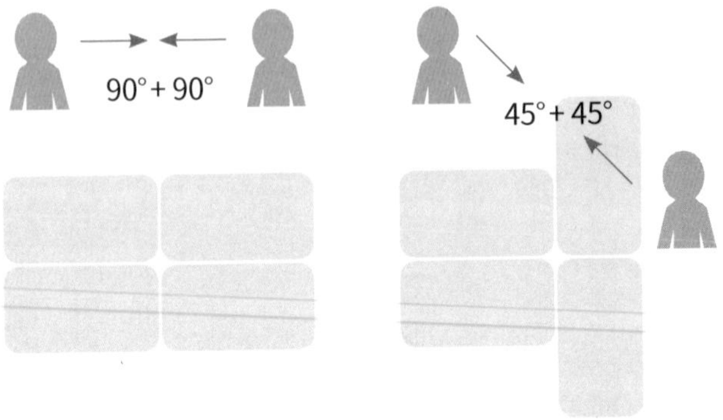

圖8　分組座位安排，「雙L」的連結大於「雙併」

九十度（參見圖8）。所以我認為「雙L」在物理環境上，更有利於創造連結。除此之外，「雙併」的連結只有一個，如果兩個人吵架，連結就會中斷，討論也不會發生；而「雙L」每個同學有三個連結（機會）可以討論。

同時，一組的人數以四人最為恰當。最多五人，若六人一組，斜對角的兩位同學將無法有效連結。而三人一組，當遇到一強二弱時，有時候意見會過於集中某一人，無法引起火花。不過還是要視實際狀況微調。

「催化」則是在處理心理環境，學生之間本來就存在既有的關係和脈絡，組內的氛圍便是奠基在這個基礎上開展，後續的互動經驗積累起來，便成為「討論」這件事能否高效運轉的關鍵。所以怎麼幫助學生創造好的互動經驗，便是老師引導和努力的方向。其中有幾個關鍵點（參見圖9）：

1 **兩兩討論**：小組討論的基礎是兩兩討論，可以先從這裡開始。

2 **發動機**：小組內可以找一個「發動機」的角色，亦即找一個有領導能力的學生帶領大家討論。

3 **工具**：利用白板、工具包，把大家討論的重點寫下來，不但可以聚焦、提高參與度，還可以為上台分享表達做準備。

4 **習慣**：我認為討論是一種「習慣」，所以要盡可能營造一個方便討論的環境，讓討論比較容易發生。

圖9　帶領學生思考與討論所需的關鍵元素

台灣學生的口語表達能力一直在教育現場不被重視，但口語表達能力卻是職場的基本技能，這可說是學思達對華人教育最大的貢獻之一。

在我的課堂上，學生第一個練習「表達」的場域不是上台，而是組內的討論。在學思達的「思考」階段，老師經常利用同儕鷹架（不論同質或異質）來幫助學生思考，形式上就是討論。學生在討論的過程中，思考和表達的技能是交織進行的，偶爾還會動態的摻進自學。

「達」——分享與表達

當學生在組內有良好的討論，發表的品質就會比較好。但上台仍是有壓力的，我的策略是「壓力＋助力＋鼓勵」，形成上台的動力（參見圖10、11，頁108、109）。

在決定誰要上台時，我選擇抽籤。這樣的方式會給學生一種「壓力」，因為不一定會抽到誰，討論時每一個人都會積極參與。但討論時有同儕鷹架這個「助力」在，學生可以腦力激盪、集思廣益，做好充分的準備。而「鼓勵」則是上台發表後請同學鼓掌、團體加分給予肯定。只要可以確保討論的品質，在壓力、助力、鼓勵三個元素下，其實發表很快就可以順暢進行。

另外有一點要注意，在上台表達時，即使學生的答案或做法是正確的，我仍然會使用追問策略，問「為什麼？」或「你可以再說清楚一點嗎？」目的在拉高學生表達和數學說理的完整性與品質。要表達一個概念或想法，必須先在大腦中思考梳理過，所以表達可以拉高理解程度，但學生通常不會一次到位。這時就必須藉由老師的提問，引導學生說得更清楚、更完整。這其實是在打磨學生的思考與表達能力，反覆操作一段時間後，通常就可以感受到學生上台分享的品質愈來愈好。

上台動力元素一：壓力

可運用抽籤和工具，給學生一些適當的壓力。抽籤會帶給學生隨時要準備好的壓力，因為你不知道什麼時候會輪到自己上台；計時鈴與計時器則帶來必須在時間內展演完畢的壓力。

在我的課堂上有兩種籤：個人籤和組別籤，一開始會建議抽個人籤，讓每個學生都能參與。操作一段時間，組內討論品質穩定後，則改抽組別籤。抽組別籤時，我會搭配一些規則，包括每次兩人上台，一人負責講，另一人負責寫。各組可以自行決定哪兩位上台，但下次抽到時就必須換人，所以通常遇到簡單的題目，他們就會鼓勵程度較弱的同學上台，爭取團體加分，把能力較好的組員預留在未來可能抽到的難題上。能力較弱的同學在他能做到的題目上，獲得同儕的支持，並且上台獲得肯定與鼓勵，不但提高了這些學生的參與度，更可以透過鼓勵和加分，避免標籤化的可能。

至少兩個人上台是關鍵，可以降低挫折感，共享成就感。另外，

圖 10 「壓力＋助力」不僅能讓每一個學生都積極參與，還可以幫助他們腦力激盪、集思廣益，為上台分享做好充分的準備

計時鈴和計時器讓學生有時間的壓力，也可以讓課堂節奏比較流暢。

上台動力元素二：助力

讓學生上台表達並不是要潑他冷水，而是製造一個舞台，讓學生能夠獲得掌聲與成就感。重點是，準備好了再上台，上台前先演練過一遍，並不會花太多時間。

老師巡視的時候，如果發現某一組卡關，可以給提示幫忙。同組的組員也是重要的助力，整組一起上台時，就會有接力發表的感覺。但是，有時候有些組員會「躲」在

圖 11　「壓力＋助力」再加上「鼓勵」，讓學生更有自信，形成上台的動力

第一棒唸題目或最後一棒寫答案，這時候就必須要求學生換棒次。

利用同儕的力量，會讓學生覺得上台並不是困難的事。

上台動力元素三：鼓勵

最常見的是掌聲鼓勵。另外，張輝誠老師提出一種「團分制」，把整組的分數綁在一起，這個機制效果很好。如果跟某人一組很容易加分，大家就會喜歡跟他一組；如果跟某人一組常常被扣分，大家會不願意跟他一組。事實上，這個團分制是綁了人際關係在裡頭。

當學生很有自信的上台，或是會因為老師不點他上台而生氣，這時候就不需要鼓勵。不需要鼓勵指的是不需要外在的鼓勵，因為最好的鼓勵是：自己鼓勵自己。

整體來說，加分制度可說是火種，自我的內在鼓勵則是木炭，火種最後總是要功成身退，它最大的目的是點燃木炭，我們是用木炭來烤肉，而不是用火種來烤。

除了以上三元素，還必須準備一些工具輔助（參見頁74－76）。後來，這個方式改以「iPad＋Apple Pencil＋電視棒」或「Apple TV 投影」所取代，可以省下抄寫題目的時間，讓時間能夠更有效率的運用。如果學校的設備不允許，傳統的「白板紙＋白板筆＋板擦」也是不錯的方式。關鍵在於學習，而不是設備。

表達的形式不是只有上台表達，還有文字書寫、組內表達、直播表達、錄影片表達……隨著科技的進步，表達的形式更多元了。

學思達教學法是否會影響進度和成績？

經過一段時間的「刻意練習」，讓我在掌握學思達教學法的形式與節奏上進步不少，班上學生也拿到了全年級數學科平均分數第一名，破除了我之前認為學思達只能應用在市區明星高中國文課、無法應用在國中常態編班數學課的迷思，讓我對學思達有更深刻的體會。

二〇一五年六月七日，基隆市教師工會邀請我分享心得。這是我第一場大型演講，自此之後就常常到台灣各地甚至是海外地區分享。最常被問到的問題就是：學思達教學法是否會影響進度和成績？

學思達的課堂會有很多時間讓學生自學、思考、討論、表達，取代傳統的講述法。

因此，一開始實施學思達的時候，需要克服的一大難題是「進度」。主要還是因為國中有段考的壓力。段考有考試範圍，如果老師沒有在段考前「教」完，會受到家長或是學校的質疑。但是，大家的重點都放在老師有沒有「教」完，而不是學生到底「學」了多少。傳統的講述方式，不但「教」完很容易，甚至還有時間安排許多紙筆測驗的隨堂小考。

在我的學思達課堂裡則完全沒有考試。換個角度來說，不是沒有考試，而是沒有傳統紙筆測驗的隨堂小考，取而代之的是老師的提問、反問、追問，以及上台分享表達等多元的評量方式。但是，段考前還是必須跟時間賽跑。我的解決方法是：取消紙筆測驗的隨堂小考，以多元的方式檢核學生的學習；將課本的例題當成是學生自學的材料；從老師每題必講，慢慢將一些內容轉移給學生自學和練習。一開始確實很辛苦，有時候真的無法趕上進度，只好切換成講述的模式。但並不是走回頭路，而是持續設法提高課堂效率，讓大部分的學生可以在學思達的課堂中培養自學、思考、表達的能力，同時也能符合段考的要求。當學生的能力逐漸上來，「進度」就不再是問題，甚至可以超前進度。

第二個問題是「成績」。「成績」還是必須要靠習題精熟。

有些老師會問：數學不是應該靠理解嗎？為什麼還需要大量做習題來達到精熟的程度呢？這個問題也困擾我好一陣子。現實的狀況是，學生一定要面對考試，包含段考、模擬考、會考等。考試的本質到底是在考什麼？自學、思考、表達等能力是否「考」得出來呢？而且畢業後重要的是帶得走的能力，並不是考試成績。

但是，我們必須面對考試的現實，如果你說一個教學法多好多好，但是每次考試成績都很差，不但家長可能會質疑，學生也可能對老師失去信心。另外，對很多學生而言，段考成績是很重要的成就感或是挫折感的來源。對一般家長而言，段考成績也是評斷老師教學能力的一個依據。我必須先克服這些阻力，建立學生和家長的信心，才有可能繼續往前進。

再來，我們思考一下考試的本質。目前的數學段考一般而言都是四十五分鐘考二十至二十五題，平均一題大約有兩分鐘左右的作答時間，考的不是思考表達的能力，考的是解題速度。試想一種情況，如果一個學生說：「老師，第一題我本來不會，但我想了半個小時終於想出來了。」你會誇獎他還是責罵他？我們要培養學生的思考能力，但考試卻是在考解題速度。想了半個小時終於解出來，這本是件好事，應該誇獎他。但現實情況裡，這樣的學生無法在考試中獲得好成績，甚至會產生很大的挫折感。

因此，習題的精熟是必要之惡。但是，隨著學生的能力提升，習題精熟的數量就可以慢慢減少。一開始必須適度的大量做題目，將成績提升，讓家長、學生有信心，才能克服阻力。

二〇一七年，我的數學學思達就在這樣的操作下，獲得初步的成功，學生的表現與學習成效也維持在全年級平均之上。但我仍覺得有些地方可以做得更好，尤其全班進度一致，一直是我極力要突破的關卡。「差異化」的念頭開始在我心裡生根發芽。沒多久，我想通了中間的道理，展開了從差異化的「三軌學思達教學」到個人化學習的探索旅程。

第3章

我的學思達實作——進階篇

採用心智圖做為工具，可以幫助學生閱讀課本，掌握課程內容全貌。培養學生解讀教學影片的能力，則是為個人化學習奠定基礎。以學思達發展差異化教學，可以分成四階段：「心智圖＋單軌學思達」→「影片公播＋單軌學思達」→「影片自學＋單軌學思達」→「兩軌或三軌學思達」，終極目標則是一人一軌的個人化學習。

學思達畫（學思達＋心智圖）

考試前，數學要怎麼複習？九年級下學期，如何面對會考的挑戰？相信這是許多學生的困惑。如果課本是空白的，要從何處著手？如果已經寫得滿滿的，從頭到尾都要看，時間夠嗎？這是我在接觸心智圖之前，心裡的疑惑。

最初接觸心智圖是透過坊間的相關書籍，大多是由英國心理學家東尼．博贊（Tony Buzan）所提出的心智圖做法。看了相關書籍也上網查找資料，自己摸索之後，一開始覺得這不太容易在數學課堂上應用。

直到我看了均一教育平台的知識星空圖才恍然大悟。如果能讓學生畫出以知識點為基礎的「知識地圖」就容易得多了。為了便於向學生說明，仍然使用「心智圖」這個名稱，但比較像是「知識地圖」的做法。

本來的數學課是從大量的題目裡去歸納概念，因此，必須巨細靡遺的向學生講解每一種題型。有時候明明是同一個數學概念，只是以不同的形式呈現，學生就覺得這個題目沒看過，不會寫。學生並不了解數學的核心概念，而是把題型一題一題「背」下來。遇到沒看過的題目，就會心慌害怕，導致有些學生害怕甚至討厭數學。

那何不直接針對數學核心概念讓學生能夠了解？

在課堂中導入心智圖後，最大的改變是「翻轉教學思維」，讓學生從「背題型」，轉變為「了解核心概念」。

另一方面，採用心智圖做為工具，可以幫助學生閱讀課本。數學知識通常具有一些內部的知識結構，比方說，先談定義，再談性質，然後再談定理，最後才是性質定理的解題應用，這樣的知識結構很容易用心智圖的形式來呈現。另外，心智圖比起抄筆記，更容易幫助學生掌握全貌，並解決很多學生「學了後面忘了前面、見樹不見林」的問題。

培養學生畫心智圖時，「看懂」課本是最重要的一步。數學課本的編排有一定模式，而且相當有結構，只要看懂數學課本編寫的結構，心智圖就大致成形。

數學課本每一章通常分成二至五個小節不等，這二至五個小節幾乎就是心智圖的第一層了。所以我在進入新的一章時，通常會讓學生看「目錄」，瀏覽這一章分成幾節，而這幾節又各自在談些什麼內容，接著才會進到第一節去細看。

進到一章的各節去細看課本內容時，我首先會引導學生去看每一節分別有幾個大標題。這些標題在課本裡的編排通常會用不同的色塊、小圖示，以及不同大小、粗細或顏色的字體來呈現，學生很容易透過觀察去找到它們的模式。而這些大的標題，便成為心智圖的第二層。

平常上課則通常會以小節為單位，小節裡的大標題就會是心智圖的第一層，中標題、小標題就是心智圖的第二層和第三層。學生可以輕易從課本中找到這些標題，進而形成心智圖的骨架，上課時再把一些細節補上，然後填入顏色，就成了一張世界上獨一無二的心智圖作品。

這裡要特別說明：平常上進度的時候，是以數學課本「一小節」為單位繪製心智圖。但並不是「一節課」就畫完一張心智圖，而是「一節課」長出一兩個分支，大約一週的時間會畫完一張心智圖（「一小節」的內容）。複習時就會變成以「一章」為單位來繪製心智圖，這時每個小節就會是心智圖的第一層。

我會要求學生將一張心智圖所有的內容畫在「同一頁」，因為心智圖是一種圖像筆記，畫在同一頁就好像是「拍一張照片」在腦海中。照片裡面的顏色與位置都會形成記憶的索引，很容易回憶或是重現。

如果分成好幾頁來畫，就好像是拍了一系列很多張照片，還要另外想辦法把這些照片串起來，比較不容易記得，日後提取訊息的難度也會比較大。

基本上，心智圖是從課本內容面出發，老師在上課前就要先以課本內容為基礎，畫出這樣一張圖（參見圖12）。而課堂上要做的，就是引導學生畫出來。

在數學課堂中導入心智圖教學的步驟如下：

一、教師備課

在準備課程時就必須考慮心智圖所要呈現的內容。以課本的架構為主體，各章節主題放中間，再以大、中、

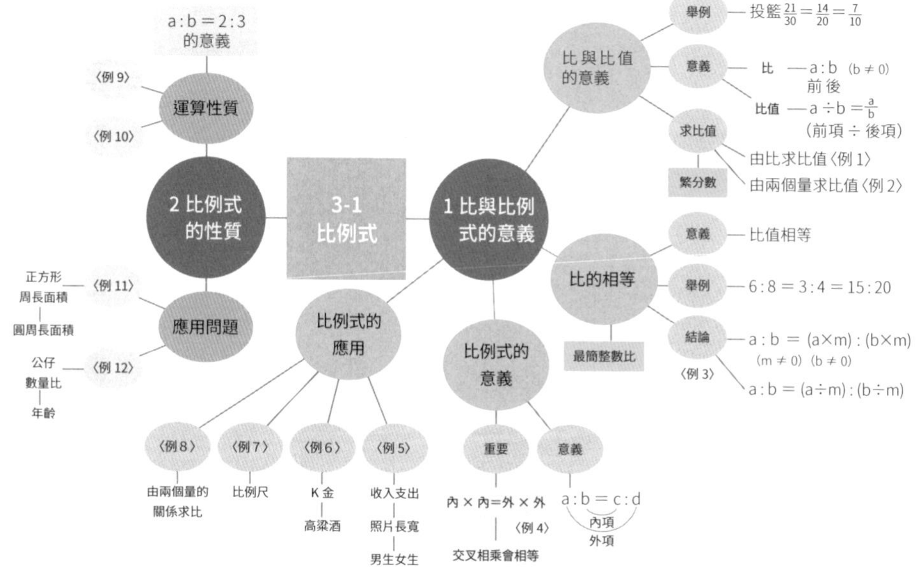

圖 12　劉繼文老師根據南一版國中數學課本所繪製的心智圖

小標題畫出放射狀的分支。而各分支的內容，建議以「系統化的配色」並且搭配「多樣化的圖框」來表現。此外，有時候概念很細，必須分類整理，提取上位概念後，給予一個「標籤」，有助於讓學生對教材內容有更全面的理解。

所謂「系統化的配色」大致上有三種做法：

1 一層一個顏色，優點是層次感分明，缺點是最後一層通常是細節，內容較多，顏色有重複感。

2 一個分支一個顏色，優點是簡單，缺點是顏色只能區別不同分支，無法進一步細分各分支裡頭的層次。

3 第一層同一個顏色，第二層之後一個分支一個顏色，而且顏色是上在標題的框框之中，方便日後查找與回想。這種做法兼具前兩種做法的優點，目前我就是採用這種做法。

這時候如果有夥伴一起合作會快很多，彼此也可以激盪出不同的想法和點子，相當於是教學的預演。要注意的是，應以概念為主、題目為輔，不要變成是題型的分類。

目前有一些心智圖軟體如 XMind、Coggle 等，有人會問：到底是電腦畫比較好，還是手畫比較好？如果是電腦畫，可能的做法是老師畫好發給學生，但這不是學生自己畫的，他不一定會看；或者是挖洞填空，或是只寫大標題讓學生做筆記。但我個人認為這些做法在學生看起來都是另一項「作業」，而他自己手繪心智圖就成了世界上獨一無二的「作品」。作業和作品在感受上差很多。

二、課堂教學

我將數學心智圖與學思達教學法結合成為「學↓思↓達↓畫」的教學模式，流程如下：

1 **學**——課堂中安靜閱讀老師指定的範圍（二至五分鐘）。
2 **思**——小組討論閱讀的內容，並交換意見（三分鐘）。
3 **達**——老師透過提問協助學生萃取課文中的精華（三至五分鐘）。
4 **畫**——讓學生開始畫心智圖（三至五分鐘）。

要注意的是，老師必須忍住不說出答案。課堂教學是以學生為主體，透過老師持續的提問和反問，讓最後的答案從學生自己口中說出。一開始可以使用增強機制（加分）讓學生積極參與、樂於表達。接著畫心智圖，目的是把概念收斂統整並記錄。通常在兩至三個月的問答練習後，學生就可以掌握萃取課本重要概念的技巧。學生看到自己手畫的心智圖可以獲得成就感，有別於過往學習數學的經驗。在考試前拿出這份獨一無二的心智圖來複習，便能輕鬆提取存在大腦中的訊息。

曾有學生回饋：「考前拿出自己畫的心智圖，彷彿老師當日上課的景象重現，甚至笑話都能記得一清二楚。而且看心智圖比看課本的文字還更能做重點複習。」

在心智圖的繪製上，我引入色彩和形狀管理的概念，讓學生準備畫圖本和色鉛筆。畫圖本是由很多張圖畫紙以線圈裝訂成一本，一頁一頁翻過去，可以看到自己慢慢在進步，也比較容易查找。使用色鉛筆而不是螢光筆、彩色筆或是五彩繽紛的筆，因為我希望以「色塊」的方式來區隔層級。讓學生以同一種顏色的筆來書寫，再利用色鉛筆填上顏色。而螢光筆或彩色筆有時候會讓字暈開，比較不適合。

利用系統化的配色和大小不同的框框與圈圈，來分隔出不同的概念或主題層次，不但一目瞭然，也讓整張心智圖看起來十分豐富。而學生在動手著色畫心智圖的過程中，伴隨著繽紛的顏色，心情也跟著放鬆，讓數學不再那麼枯燥乏味，大大提升學習的意願和樂趣。

在數學課堂融入心智圖的做法有兩種。

第一種做法是「收斂」。一個小節的課程全部上完才開始畫，在黑板上把這個章節的重點畫給學生看，一邊畫一邊複習。這個做法有時會因為教材內容太多而把整面黑板畫滿，學生的專注力有限，到後來就變成一直抄重點，效果不佳。

第二種做法是「發散」。一個小節的心智圖不是一次畫完，而是每節課利用十五至二十分鐘帶著學生畫。接下來切換模式，讓學生思考討論、寫練習題、上台表達。每次畫一至兩個分支（主題），兩或三節課就可以完成整張心智圖。上一節畫過的內容就不再重複畫。

學生作畫的時候，我只有一個限制，就是沒有限制。打破框架之後，學生就能盡情發揮創造力。數學課畫心智圖有三個好處：上課專心的人變多了，數學課變有趣了，另外，左右腦分別掌管文字和圖像，同時調動左右腦，比較不容易忘記。有些學生跟著老師畫一段時間之後，就能夠與同儕討論畫出心智圖，最後甚至可以獨力完成。可見這是一種帶得走的能力！

●學思達結合心智圖課堂實錄（二〇一九年十二月，新泰國中七〇八班）
https://reurl.cc/4mgLqX

心智圖在我的課堂裡扮演四種角色：

1 在老師教學之前，它是一個教學的預演，讓教學更加順暢。

2 上課的時候，它是一個閱讀理解的過程。

3 在考試之前，它是一個記憶的索引。

4 畢業以後，它是一個帶得走的能力。

三、麻雀圖

●麻雀圖1.0

將心智圖導入課堂的過程中，遇過一個比較棘手的問題是，應用問題如何畫心智圖？國中數學課本裡的應用問題，幾乎都出現在解方程式的後面，如果不好好處理，很容易淪為題型整理。左思右想，我想到了一個解決應用問題的方法——麻雀圖。

學生遇到應用問題，通常最感到困難的地方就是列式，麻雀圖可以幫助學生利用圖像列出方程式。

這張圖本來沒有名稱，但是學生說很像一隻雞，又有人說很像一隻麻雀。我覺得麻雀還不錯，「麻雀雖小，五臟俱全」，後來就把它稱為麻雀圖（參見圖13）。

麻雀頭部寫上課本那一節的標題，身體部分是學生看完題目之後用四至五個字簡述，腳的部分寫上題目問什麼，尾巴的羽毛部分寫上「有意義的數字或關係」，比如下面例題的「15個」和「310元」，羽毛通常有二至三根。

利用這張圖可以幫助學生利用圖像思考，順利列式。

● **麻雀圖 2.0**

在麻雀圖1.0雖然可以順利解決應用問題的列式，學生也覺得很神奇，把圖畫完，式子就列出來了。但是遇到了一

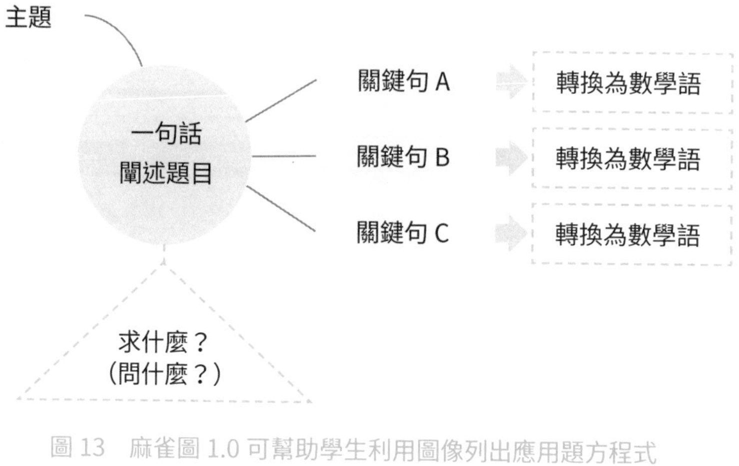

圖13　麻雀圖1.0可幫助學生利用圖像列出應用題方程式

個問題：考試時如果還要畫圖，會很花時間。所以，到了一〇八學年度，我就研發出麻雀圖2.0。

麻雀圖2.0可說是1.0的簡化版本，只要將題目中提到的關鍵數字或關係圈起來即可。如此一來，還是可以輕易列出方程式，且節省很多時間，學生在麻雀圖1.0的訓練下，對麻雀圖2.0接受度很高。

以下頁這個問題為例，我們可以把題目裡面含有數字的關鍵句子圈起來，比方說：「每盤2顆30元」，「每盤3顆50元」，

例：

小明的撲滿裡有50元和10元硬幣共15個，一共是310元。則50元和10元硬幣各有幾個？（來源：南一版國中數學課本）

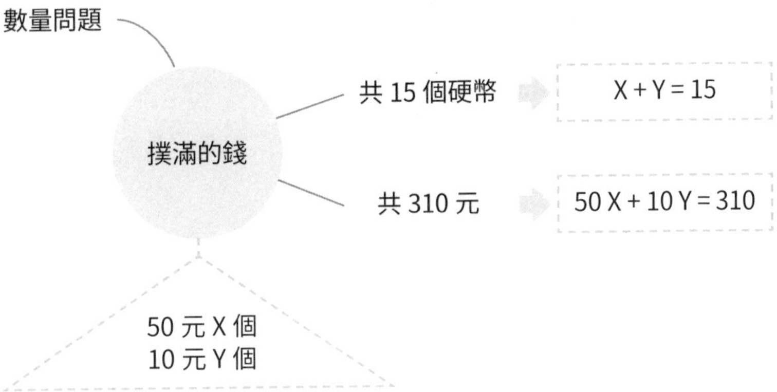

「8盤」，「共花300元」。題目問吃了幾盤30元壽司、幾盤50元壽司？我們可以假設30元壽司吃X盤、50元壽司吃Y盤。

四、延伸應用

將心智圖引入數學教學後，久而久之，學生可以自動將圖像式思考的能力連結到其他學科上。表演藝術課：利用心智圖連結角色間的關係，有助於理解劇本。歷史課：根據年代或事件畫出心智圖，用於考前複習更能事半功倍。公民

例：

迴轉壽司店優惠，每盤2顆一律30元，每盤3顆一律50元，小新吃了8盤共花300元。請問他吃了幾盤30元壽司、幾盤50元壽司呢？（來源：康軒版國中數學課本）

每盤2顆30元 → 30X

每盤3顆50元 → 50Y

8盤 → X+Y=8

共花300元 → 30X+50Y=300

課：要在紙張有限的版面中呈現敘述性的課文，文字必須精簡又不能失去原意，所以必須反覆閱讀課文，思考如何呈現，即使是老師還沒教過的地方也在這個過程中滾瓜爛熟了。甚至，學生畢業後還能將心智圖運用在各種學習上。心智圖是一種帶得走的能力，學會了這項技能，在任何科目的學習上都可以運用，是很有用的概念整理與閱讀理解工具。

實施心智圖一段時間後，我發現學生的閱讀理解能力進步很多，閱讀課本的態度和方法也和過去不一樣。藉由心智圖這項工具，確實讓學生發展出運用課本自學的能力。隨著心智圖愈畫愈熟練，學生開始畫出一張又一張能完整歸納數學概念且賞心悅目的心智圖。而南一書局也注意到這件事，特別將新泰國中第三十八屆楊云慈同學在課堂上手繪的心智圖，重新電腦製圖，編印成冊，無償提供給全台灣的國中數學老師參考。

總而言之，心智圖在上課前是教師教學的預演，上課時是學生閱讀理解的結果，複習時是記憶的索引，畢業後則是一項帶得走的能力。

至於怎麼幫助學生在概念的整理與心智圖的繪製上，能夠愈做愈好，有幾個做法提供給老師們參考。在前幾次練習畫心智圖時，老師可以收回來看，給學生加分鼓勵，並展示優秀作品。

「大家請看，這位同學畫了神奇寶貝。」

「哇！原來這樣子也可以啊！」

學生會開始產生「怎麼樣可以畫得更好」的想法，在良性競爭下，大家的心智圖愈畫愈好，甚至發展出個人特色，看到這張心智圖就知道是誰的作品。

二〇一八年五月，花蓮縣玉里國中林國源校長（於二〇二〇年八月調任花蓮縣三民國中校長）與幾位校內老師一起到新泰國中觀課交流。在討論的過程中，玉里國中楊秉正主任提到一個方法也非常有意思。老師不妨發給每個學生三張小貼紙，接著讓學生離開座位，看看彼此的作品，票選出心中的前三名，然後將貼紙貼在這位學生的作品上，最後統計哪位學生獲得較多貼紙，再請這些獲得肯定的學生逐一帶著作品上台分享自己的做法。這樣的方式操作幾次後，老師就會發現學生愈畫愈進步。這樣一個觀摩、票選、發表、鼓勵、模仿的歷程，可以應用在很多地方，像是引導學生寫筆記、

●學生心智圖作品範例
https://reurl.cc/IdLzmA

做作品等，都可以刻意去創造這樣的互動，讓學生從中獲得成長。

當學生學會萃取課本中的數學概念之後，接下來就要培養他們解讀教學影片的能力，這對於後來的個人化學習非常重要。

學思均達（學思達＋均一）

在說明學思達如何與科技結合之前，我先講一個出自《論語》的故事。

子路、冉有兩個學生都問孔子：「聞斯行諸？」（遇到符合義理的事情要馬上去做嗎？）孔子分別給出了截然不同的回答，公西華想知道原因，孔子說，子路衝動，所以讓他考慮好了再行動；冉有老是猶豫不決，所以鼓勵他馬上去做。

孔子決策的依據是什麼？我猜他的大腦裡面或許有一個大數據處理系統，但這已經不可考了。可以確定的一點是，孔子一定非常了解他的學生。

於是，我決定在原先的「學思達＋心智圖」教學法中導入科技，也就是均一教育平台。在課堂上導入均一的一個重要原因是，這個平台上有很多資料可以提供參考，老師可以就學生的狀況，了解他的起點與困難點在哪裡，針對他的問題準確給予最好的指導與學習。

均一還有兩個很重要的元素——影片和習題。平台上有很多影片，可以反覆看、慢慢看、根據自己的狀態與需求去看；習題則可以立即做檢核，馬上核對自己是否已經理解概念了，如果不會寫這道題目，也會有文字或影片的提示。

學思達講義與 QR Code

二〇一七年，我第一次站上學思達年會大講堂，介紹我的學思達操作模式。由於時間很短，我將短講設定在為之後的工作坊行銷，吸引學員的目光，提高參加人數。

當時金庸迷馬雲拍了一部武俠電影短片「攻守道」，一時蔚為風潮，我便搭了這股武俠旋風，想了一個「我要練絕世武功」的哏，來行銷下午的工作坊。在這個哏裡，我設定了一個情境，我要向「風清揚」學絕世武功，透過這個哏帶入學思達講義網站和均一教育平台，但其實真正帶入的是「QR Code」。為什麼我選擇在短講中花這麼大的力氣鋪哏來帶入「QR Code」呢？

當時運用學思達來教數學的老師很少，數學若要進行學思達的「自學」，不太容易像文科那樣，編寫出純文字式的講義。一來是數學課本內容敘述簡略，學生不易理解；二來則是因為數學有很多演繹或程序性的知識，不太容易光靠文字敘述清楚，而影片恰好解決了這個困難。於是我在幾年的摸索後，開始運用「QR Code」扮演將數學科學思達講義外連到均一教育平台的工具，就這樣製作出數學科學思達講義，並且熟練了學思達課堂的操作，自此在學思達建立獨樹一幟的講義風格。

學思達的講義製作是促動自學的第一關，文科的學思達講義可以運用課文本身來擴散出很多閱讀材料，透過閱讀獲得自學體驗，然而數學科呢？「閱讀」的材料變成是影片為主、課本為輔；換句話說，學生有兩種形式的閱讀材料，一是傳統文本，二是影片。如何設計好的數學科學思達講義，輔助學生理解課本和影片呢？

訓練學生看影片自學

接下來分享的是大部分老師較為陌生的另一種自學材料——影片。要怎麼讓學生看影片自學呢？

本書第二章說明教學影片和電影的差別，電影的目標在創造閱聽人的感受，重視情感線的鋪陳，訊息濃度不高，只要看的人有感受、有印象就好。但教學影片目標在傳遞知識，重視知識的邏輯、脈絡和程序，具有很高的訊息濃度，學生需要專注，偶爾還要暫停、做筆記甚至重播，因為訊息多到必須分階段處理，才能完全吸收。

老師的工作便是要改變學生看影片的習慣，從日常看ＭＶ、抖音的方式，轉換成有效學習的模式。學生以前沒有這樣的經驗，這是需要練習的。

●公播模式

不是每個學生都有平板，於是初期我採用「公播模式」，用投影機在課堂上播放影片，當影片播到一個段落時，我會刻意按下暫停，接著提問簡單的問題請學生站起來回答，比較困難的問題會發白板紙和工具包，讓學生小組討論並上台表達。完成後才接著繼續往下播，並且在下一個段落再按暫停，重複剛剛的做法。這樣做是要讓學生刻意練習，在影片中適時的停頓、思考、表達，然後再接著看。一開始讓學生練習

●學思達結合均一（公播模式）課堂實錄影片
https://tinyurl.com/teso5ce

看影片時，我挑選的影片都不長，主要朝少量多餐、反覆操作、養成習慣的方向進行。

老師將講述教學的工作交給了影片，就可以空出手來，對學生做一對一的個別指導，讓學得快的學生繼續向前，讓進度落後的學生可以迎頭趕上，讓坐不住的學生認真看影片……講述的工作由影片代理，但其實老師更忙了。

●平板模式

在課堂上以公播模式操作一段時間後（大約三至四週），學生就習慣了這樣的節奏，這時可以將學思達講義做為鷹架，發給每人一台平板，或是讓學生自己帶手機或平板。讓他們試著自學，先將講義裡面的問題快速看過一遍，掃描 QR Code，帶著問題去看影片。在影片中停頓、思考問題，反覆看，慢慢看，做筆記或回答問題，直到完成講義上的問題。這樣的學習模式我稱之為「平板模式」。

一開始可以將自學時間設定為十至十五分鐘，將課堂切成三個段落，影片長度三至五分鐘最為合適。經過長期實踐後，我歸納出學生的自學時間，最好是影片長度的三倍時間，因為他們需要反覆看才能真正理解。

公播模式與平板模式的比較，請參見左頁表4。

表 4　公播模式與平板模式的比較

	公播模式	平板模式
特點	大家一起看同一面螢幕，每個人的進度都一樣	每個人可以看不同的影片，或是以不同的速度看同一部影片
使用時機	一開始融入教學影片或是受限於載具和網路的時候	朝向差異化教學與個人化學習前進的時候
教學設計	1 播放（公播） 2 暫停（將影片分段） 3 提問（簡單問題直接回答，比較複雜的問題小組討論） 4 上台表達 5 老師澄清觀念與統整	1 先快速看一遍紙本講義 2 掃描 QR Code 3 帶著問題看影片 4 思考問題，反覆看影片，寫學習單 5 小組討論 6 小組內表達或上台表達
設備	現有教室電腦與投影機即可，若投影布幕位置是在黑板側邊，可以搭配黑板或小白板一起使用	需要處理的問題包括每人一台載具、耳機與多人同時上網的頻寬，但是可以配合 Apple TV 或是電視棒，將老師或學生平板的畫面投影出去
優點	老師掌控度比較大，可以帶領學生學習如何看影片	每個人的進度都不一樣，學生可以按照自己的進度前進
缺點	統一進度，無法顧及學生之間的差異化	載具和網路問題必須先克服，一開始需要先帶著學生學習如何看影片

● 學思達結合均一（平板模式）課堂實錄影片
https://tinyurl.com/u43coqr

我設計的數學科學思達講義，是從均一教育平台的ＷＳＱ學習單演化而來，它扮演四種角色：錨點、鷹架、橋梁、檢核。

在一部一部影片看下去的過程中，學生很容易迷失在材料裡，如墜五里霧失去方向感，因此必須透過學思達講義來定錨，將影片及學習材料的前後順序組織起來，這對學科知識具有先後順序的數學科來說，特別重要。因此，學思達講義便扮演這樣一個學習指引、學習地圖的角色，讓學生清楚知道影片的先後順序，以及它在整體學習內容中所處的位置。

另外，前文提到教學影片和電影最大的不同是訊息濃度。教學影片訊息濃度較高，學生在看影片的過程中，短時間進來的訊息量太多，如果不適時停頓，讓工作記憶清空，看影片學習的效果就會打折扣，就好像是「船過水無痕」。但是，最大的問題是：「怎麼樣讓學生停下來？」目前有些教學影片在看影片的過程中會跳出問題讓影片暫停，等待學習者作答之後再繼續播放。這樣的做法，是所有的同學一起停下來，如果我會了可不可以不要停？或者是，有沒有什麼方法可以「讓學生依照自己的狀況停下來，而且每個人停的點都不一樣呢」？

這個問題困擾我很久，後來在與學生閒聊的過程中，發現學生使用「看電影」的模式來「看教學影片」。如果要「讓學生依照自己的狀況停下來，而且每個人停的點都不一樣」，最簡單的做法就是利用紙本的講義。在看教學影片的過程中，講義裡面的問題可以讓同學停下來想一想，咀嚼一下影片內容，再繼續往下看。就好像是船在行走的過程中稍微停頓（下錨），再繼續往前走，而且每個人的停頓點和停頓時間都可能會不一樣。

有些老師會提到一個問題：不是每一個科目都有配合影片的紙本講義，如果沒有怎麼辦呢？

很簡單！就請學生寫筆記。

每個人寫筆記的速度不一樣，學習速度也不一樣，停頓點和停頓時間就會不一樣。有了紙本筆記就不會「船過水無痕」。

其次，學思達講義也是鷹架。因為學思達講義中設計了許多提問，藉由這些提問，可以幫助學生掌握影片中的關鍵訊息；而它也是橋梁，將學思達講義與課本、習作間的關係串接起來，讓學生可以自由來回在學思達講義、課本和習作間，毫無違和感的在三種材料間切換，並且朝相同方向前進。

最後，學思達講義也是檢核，用來檢核學生是不是看完影片、學習效果如何、需不需要老師介入等。

因此，在學思達講義的設計上，我都會盡可能兼顧錨點、鷹架、橋梁、檢核這四個角色，讓講義能真正幫助學生進行自學（學思達講義設計要點，參見頁56）。

所以學思達所代表的「自學」、「思考」、「表達」，其中的第一個也是最重要的「自學」，我就這樣以心智圖和學思達講義並行的方式，讓學生可以有機的以學思達講義為本、綜觀的用心智圖結合課本、微觀的用 QR Code 結合影片，優游在影片、文本兩種材料間，並透過提問、討論、發表，持續培育學生的自學能力。

最後，我要補充紙本的重要性。回想求學的過程，從幼稚園一直到小學、中學、大學，幾乎都離不開紙本。繪本、課本、作業本、練習本、講義、學習單、考卷，都是紙本。先不論網路順暢與否，在電腦、手機、平板上作答，需要一段時間的適應。

網路上的教學影片、線上測驗等，畢竟還是在雲端。直接看課本和從手機看課本的電子版，還是略有不同，各有優缺點。而 QR Code 巧妙的把線下的紙本和線上的影片、測驗連結在一起。

有了 QR Code，搭配紙本講義，就好像旁邊有一位（甚至很多位）老師，二十四小時隨時在旁邊講解給你聽。最重要的是，這位老師不會發脾氣，不會嘮叨，不會罵人，要他講幾遍都可以，要他從哪邊開始講都可以，要他慢慢講也沒問題。

如果只是單純看影片，由於訊息量太大，工作記憶一下子就會爆量，導致學生開始放空。這時候，紙本講義上面的問題就是停頓點、下錨點，在看影片、思考問題、寫出答案的過程中不斷切換，學習會變得有效用且有效率。我認為，紙本加上「平板模式」的教學影片，並以 QR Code 的方式連結起來，是效果非常好的學習模式。

課堂提問主持力

在實踐學思達的過程中，我發現講義裡的提問和課堂裡的提問有很大的不同，講義裡的提問，老師可以事先想好、事先安排。課堂裡的提問，往往在學生回答之後，需要「第二次提問」、「第三次提問」，或是「反問」、「追問」。有些老師到我的課堂觀課時，發現我和學生來來回回的問答非常順暢，但是當他回到自己的課堂上操作時，卻常常卡住。

在學思達課堂裡，除了提問、反問、追問，老師還讓出講台給學生，成了課堂的「主持人」。在二〇一八年學思達亞洲年會，我和幾位學思達核心講師分享了課堂裡的提問主持力。

課堂的提問主持有幾個重點：

一、一清二楚——指令清楚明確，建立課堂機制

先建立規則並說明清楚。例如：現在是自學時間，可以拿出手機掃描 QR Code，看影片請務必戴耳機，以免影響其他同學；現在是討論時間，開始進行小組討論，時間五分鐘；現在是B組上台報告的時間，A組開始自學，C組做剛剛老師指派的練習題，有問題先掃描 QR Code，或與同學討論，如果還是無法解決再舉手問老師。

二、加油添醋——複述澄清引導，偷加提示鷹架

什麼叫加油添醋？即學生說完後，老師接著複述學生的話。為何要複述？複述學

生話語是要取得發言權，把發球權從學生身上轉移到老師身上。

偷加提示不是指提問時給學生明顯提示，而是複述完學生的話之後，偷偷增加提示，這必須視學生會不會回答而定。若學生不會回答，就偷偷加提示給學生；若學生會回答，只是看起來很緊張，怎麼辦呢？此時就需要第三種方式——給學生連接詞。

三、承先啟後——連結前後話語，持續師生對話

有時候我們問學生一個開放式問題，學生不是不會，可能是緊張所致，或是不知道從何講起，此時可給學生一個連接詞，讓對話可以繼續，比方說：然後呢？所以呢？第一點是？第二點是？第三點是？因此，請學生表達時，老師可以複述學生的話語，並觀察學生是否能說明清楚。若學生答不出來，可以給學生連接詞，再看他回答的狀況，偷偷加提示給他。

四、讚美肯定——鼓勵勇敢表達，提升自信成就

請記得常常讚美學生，只要能站起來勇敢回答就值得鼓勵。當學生回答不出來的

時候，複述他的話、給他連接詞、偷偷加提示給他——想盡辦法讓學生答對。這件事雖然不容易，但是對於提升學生的自信心和成就感非常有幫助。

PDCA計畫與檢核表

常常有老師問我一個問題：「劉老師，請問你都沒有一般紙筆測驗的平時考，如何打平時成績呢？」

目前的現況是，學生的成績分成兩個部分：一是段考成績，二是平時成績。國中一學期有三次段考，每次段考有相對應的平時成績，評估這段時間的學習狀況。大多數的國中是採取段考成績與平時成績各占五〇％，段考成績一般都是紙筆測驗，平時成績可以用多元的方式評量。有些老師會以平時小考成績加總平均做為平時成績，有些老師會以繳交作業、上台報告、上課表現、錄影片、作品等多元方式評量。

我曾經與林國源校長討論到這件事，他設計了一個表格，以後設認知策略結合PDCA（Plan＝計畫、Do＝執行、Check＝檢討、Act＝改進），稱之為「學習規劃練習曲」。

我就在這個基礎之上，配合學思達教學法並考量學校的現實狀況做了調整。主要有下列幾個項目：

1 週計畫表

以「週」為單位，週末假日當成是緩衝，可以休息一下，或是補之前的不足（參見表5，頁148）。

2 指定曲與自選曲

指定曲就像是「必須做的事情」，包括課本、習作、講義等等。自選曲則是「想

- 提問主持實例——課堂實錄影片
  https://youtu.be/DqFDDQAaV0U
- 提問主持實例——觀課紀錄 — 記錄者：新北市中平國中葉振福老師
  https://reurl.cc/m9dxW9
- 提問主持實例——課後紀錄 — 記錄者：劉繼文
  https://reurl.cc/WL4O4L

要做的事情」，或是額外做的事情，例如：進入均一教育平台多做練習題、主動教其他同學、自主研究一個主題，甚至少數學生瀕臨中輟邊緣，只要他來上課就可以加分。老師可以依據實際的需求決定每一個項目的分數比例，做為平時成績的參考依據。

3 上課表現

一開始是五〇%，後來修正為三〇%。為了方便記錄，這一部分的三十分就設計了一個十五格的表格，還去刻印章（「好棒」、「OK」、「超讚」……），上課站起來回答蓋一格（得兩分），上台報告、熱心教同學、發揮團隊合作精神……這些都蓋兩格（得四分），一共十五格（三十分），由小老師協助蓋章。

4 自我覺察

請學生想一想「我的收穫」、「我的困難」、「我想如何改進」、「我覺得」、「我希望」、「我想感謝」、「我的努力程度」（以笑臉呈現）……利用這些後設認知策略讓學生自我覺察，進而慢慢修正。

5 品格力實踐

誠致教育基金會引進美國ＫＩＰＰ的七大品格力，導入台灣的公辦民營學校 KIST（KIPP Inspired School in Taiwan），讓學生在學習的過程中實踐品格力。七大品格力指的是：熱情（Zest）、堅毅（Grit）、樂觀（Optimism）、自制（Self-Control）、感恩（Gratitude）、社交智慧（Social Intelligence）、好奇（Curiosity）。

6 「我要借分」

以國中為例，每學期有三次段考，每次段考都會有一個平時成績。有些學生會向老師要求再給他兩個星期，他一定可以完成作業。學生能夠主動要求完成作業是值得鼓勵的事。但是，學校規定在段考結束的一週內必須輸入成績，於是我想出了這個「我要借分」的機制。

這個機制類似學生與老師談條件，希望可以「借」分。如果達成條件就不必「還」

● 誠致教育基金會推動七大品格力的理念
https://tinyurl.com/y7jed28y

分數；如果沒有達成，下次要把分數扣回來。舉例來說，學生說：「老師，我想借二十分，我會在○月○日以前完成某一項作業。」如果在期限前完成，就不必「還」分數，如果沒有達成，下一次平時成績就先扣二十分，也就是最高只有八十分。

有些老師會問：「為什麼可以借分呢？這樣公平嗎？」如果以「一學期」的平時成績來看，每次段考有一個平時成績總分一百分，三次段考總分三百分，第一次段考可以借第二次段考的分數，第二次段考可以借第三次段考的分數，第三次段考不能借分。在不影響學期成績的情況下，這個借分機制最主要的目的是讓學生不要輕易放棄，分數只是手段而不是最後的目的。

7 自我檢核與總檢核

自我檢核表在兩次段考中間使用，讓學生自我檢核看看自己的進度是否落後或超前，這個表格讓學生留存。

總檢核表就像是「每一季打考績」，在段考前一週，每個學生都必須要跟老師面談討論平時成績最後得幾分？要借分嗎？有沒有可以加分的地方呢？下次可以怎麼做呢？老師應協助學生找到適合的方法與節奏來學習，而不只是「打分數」。

我把自我檢核表、總檢核表裝訂在學思達講義中；自我檢核表讓學生留存，總檢核表撕下交給老師打平時成績（參見表 6、7，頁 149、150）。

- PDCA 計畫檢核表，可下載使用
  https://reurl.cc/EzKQog
- 學生填寫 PDCA 檢核表的範例
  https://reurl.cc/Md7zyW

表 5　PDCA 檢核表的週計畫表，供學生規劃自己的學習計畫

週計畫表

班級：__________ 座號：________ 姓名：______________

項目 / 週計畫		課本 (20%)	習作 (20%)	講義 (20%)	心智圖 (10%)	特別加分 (20%)
/ - /		□	□	□	□	
/ - /		□	□	□	□	
/ - /		□	□	□	□	
/ - /		□	□	□	□	
/ - /		□	□	□	□	
/ - /		□	□	□	□	
上課表現 30%	回答① 上台② 教人② 合作②	1	2	3	4	5
		6	7	8	9	10
		11	12	13	14	15
品格力實踐（選擇兩個）		1. 2.				
心願便利貼		我希望：				

表 6　PDCA 檢核表的自我檢核表，供學生自我檢核學習成果

自我檢核表　班級：__________ 座號：________ 姓名：________________

項目 完成度	課本 (20%)	習作 (20%)	講義 (20%)	心智圖 (10%)	特別加分 (20%)
已完成					目前進展
未完成					
上課表現 30%	目前得 ______________ 分，目標得 ______________ 分				
我的努力程度					
我覺得					
我想怎麼做					
品格力實踐 具體行為					
感恩的心	我想感謝 ______________ 因為				

表 7　PDCA 檢核表的總檢核表，供老師和學生共同核對學習成果

總檢核表　班級：__________ 座號：________ 姓名：______________

項目 完成度	課本 (20%)	習作 (20%)	講義 (20%)	心智圖 (10%)	特別加分 (20%)
已完成					成果展現
未完成					
得　分					
上課表現 30%	目前得 ____________ 分，目標得 ____________ 分				
我的努力程度					
我覺得					
我想怎麼做					
品格力實踐 具體行為					
我想借分	條件			平時 成績 總分	

第4章

讓大象動起來——激發學習動機的有效方法

對於因為挫折而產生習得的無助感的學生，一開始使用外在動機去推動他，是很好的切入點，但重點在於之後如何結合馬斯洛的需求層次理論轉化為內在動機。

或者可以找到孩子的亮點，培養他們的自信心與成就感，也可以找到孩子的重要他人，給孩子一個窩心的小動作、一句打動內心的話，直接燃起他們的內在動機。

在學思達的課堂裡，有時候會用到一些加分獎勵機制。有些老師覺得這些增強機制並不完善，不適合使用在課堂之中。我認為不是不能用，而是怎麼用。對於因為挫折而產生習得的無助感的學生，一開始使用外在動機去推動他，是很好的切入點，但重點在於之後如何結合馬斯洛的需求層次理論轉化為內在動機，或是直接燃起學生的內在動機，這一章有詳細的說明。

如何讓大象動起來？

有一次在宜蘭分享個人化學習，均一教育平台的夥伴芳婷問了我一個問題：為什麼有時候加分、雞排、飲料、獎勵等增強機制，到後來效果會變差呢？

這個問題說來話長。

和我一樣的第一線數學老師往往會遇到兩個大問題，一個是班內差異化太大，另一個就是學生缺乏學習動機。學習動機的提升，是到目前為止，我還持續在努力關注的議題，不能說找到了解決的方法，但確實摸索到一些方式可以提供給大家參考。

有一個故事是這樣說的：

一天，馬戲團正在演出，一頭巨大的大象，被一條細細的繩子拴在小木樁上，正溫馴的用大鼻子吃草，而廣大的森林就在離牠不遠的地方。

人們問馬戲團的團長，大象喜歡馬戲團的表演工作嗎？團長回答，大象做夢都想回到叢林。那牠為什麼不跑呢？牠的力氣那麼大，真要跑，誰也攔不住。

團長用手指了指大象，說：「看到那條繩子了嗎？大象被拴著呢！」圍觀的人們笑了起來，說：「這條小小的繩子，怎麼可能拴得住大象呢？」

團長說：「你們說的沒錯。但大象永遠不會去掙脫那條細細的繩子。」所有人都露出疑惑的表情。

團長接著解釋：「這條普通的繩子，從牠還是小象的時候就綁著牠了，小象無數次想掙脫繩子，都失敗了。久而久之，牠知道自己的努力只是白費工夫，就不再做這種無用的努力了。」

美國心理學家馬丁．塞利格曼（Martin E. P. Seligman）在一九六七年以狗為研究對象，做了一系列實驗。

實驗一：把一隻狗放進籠子裡，鎖住籠門使狗無法輕易逃出來。而籠子裡有電擊裝置，通過這一裝置對狗施加電擊，並控制電擊的強度，使之能夠造成狗的痛苦，但不會使牠斃命或受傷。

塞利格曼發現，這隻狗在一開始被電擊時，拚命掙扎，想逃出籠子，但經過再三的努力，發現無法逃脫，掙扎的強度逐漸降低。

實驗二：把這隻受過電擊的狗放進另一個籠子。這個籠子中間用隔板隔開，隔板的高度是狗可以輕易跳過去的。隔板的一邊有電擊，另一邊沒有電擊。這隻曾受過電擊但無法逃脫的狗，在有電擊的這一頭驚恐了一會兒，接著便一動也不動的趴著，絕望的忍受著電擊的痛苦，根本不去嘗試跳過隔板逃脫的可能。

實驗三：把其他幾隻沒有受過電擊實驗的狗輪流放進實驗二的籠子裡，並施加電擊，發現這些狗全部都能輕而易舉的從有電擊的一邊跳到安全的另一邊。

塞利格曼把實驗中，狗嘗試逃脫失敗後的絕望心理，稱之為「習得的無助感」。

有一些學生對數學的學習便是處於這種「習得的無助感」當中，面對這樣的學生，我們必須想方設法讓學生動起來。問題是，該怎麼做呢？

我和每一位老師一樣，做了很多獎勵措施，飲料、雞排、點數銀行……一樣都沒少過。到底有沒有效呢？

雞排錯了嗎？

如何讓大象動起來？

在研習的場合，我常常問老師這個問題，而老師們的答案五花八門……

「拿一盆香噴噴的食物去吸引大象。」

「直接把繩子解開，帶著大象走。」

「如果這是一頭公象，就牽一頭母象來吸引牠。」

我再反問老師：「你會跟大象講道理嗎？」

對於沒有動機的大象（學生），講道理並不是最好的方法，應該是先用外在動機吸引他，之後再將外在動機轉化為內在動機。

那麼，該如何將外在動機轉化為內在動機呢？

一開始，為了提升學生的學習動機，以飲料和雞排這樣的增強物來提升學習興趣。當學生在課堂上有好表現時，我都會毫不吝嗇的買飲料和雞排來獎勵學生，為此甚至成了學校附近飲料店和雞排店的常客。

但很快的，「單純」的雞排和飲料，已經滿足不了學生。學生開始「客訴」，有的嫌雞排冷掉了，有的嫌飲料不夠冰。我一方面因為好強，不想一下子就被學生打趴；另一方面也很好奇，這樣的做法究竟有沒有效，於是我挖了一個大坑給自己，跟學生說了一句可能會讓我自己會後悔的話——

「隨時隨地，只要你想吃，老師都買給你！」

這句話讓我從此疲於奔命，有的學生說：「明天下午三點整，我要一塊熱騰騰的雞排。」有的學生說：「明天午餐的時候，我要一杯裝半杯冰塊的冰紅茶。」為了這些「客製化」的服務，我成了「外送小弟」……

所幸這樣的把戲，學生很快就疲乏了，我鬆了一口氣，改以雞排卡和飲料卡替代。我事先向飲料店和雞排店的老闆購買蓋滿十格的集點卡，發給表現良好的學生，讓他們想吃雞排、喝飲料的時候自己去換。

不過這一趟折騰下來，我倒是真的有幾個觀察和收穫，加上閱讀了腦科學相關書籍，有一些大腦機制或許可以用來解釋這些現象。我大致有三個發現：

1 學生會為了獎勵而讀書，相反的，沒有獎勵就不讀書了。

2 外在動機要維持下去，獎勵就會愈給愈大。

3 外在動機增強物有可能轉化成內在動機。

針對第一點，在雞排和飲料時期，當我在課堂上提出學習任務或挑戰給學生時，幾乎在第一時間就會有學生問：「這次有沒有雞排？」有雞排或飲料，立即就可以看到成果，然而一旦沒有雞排或飲料，學生就又回到原本興趣缺缺的狀態。

過度辯證效應

有一天，我在網路上看到一則故事。

有一個退休的心理學家，找到一個僻靜的地方住了下來，想要安享退休生活。

沒想到，一群年輕人看上了旁邊的一座廢棄倉庫，帶著各式各樣的樂器到倉庫，彈奏著奇吵無比的搖滾樂，讓心理學家苦不堪言。

於是，他走到倉庫裡，跟這些年輕人說：「很感謝你們每天演奏搖滾樂，讓我變得年輕有活力。以後我每天付給每個人一塊錢美金，請你們天天來彈。」

雖然不是很多錢，突如其來的獎勵還是讓這群年輕人非常高興，每天都來報到。

經過一段時間之後，心理學家又來到倉庫，他告訴這群年輕人：「謝謝你們每天都來，雖然搖滾樂充滿活力，但每天聽下來有點膩了，能不能彈點別的，像是古典音樂之類的曲子？」

年輕人面有難色，於是心理學家接著說：「我已經聽膩了搖滾樂，如果沒辦法換個口味，還是歡迎你們來，但我就不再付錢了。」說完便轉身離開。

原本每天都有一塊錢可以領的年輕人，頓時興趣缺缺，從此再也不來了。心理學家也如願重拾安靜的退休生活。

後來我發現一個心理實驗，可以用來解釋這個現象。

社會心理學家馬克·萊珀（Mark Lepper）在一九七三年做了一個實驗，把一群小朋友分成三組：

第一組單純的被要求畫圖（對照組）。

第二組事先被告知，若他們畫圖，可以得到金色星星和緞帶（事前獎勵組）。

第三組小朋友畫完圖的時候會得到金色星星和緞帶，但並未事先被告知有任何獎賞（事後獎勵組）。

一個星期之後，實驗者再次評估小朋友對這項活動的興趣。他宣布，這次畫完圖沒有獎品。於是很有趣的事發生了——

1 期待並被告知有獎賞的小朋友（事前獎勵組），對畫畫不再像之前那麼感興趣。

2「沒有得到獎賞」和「意外得到獎賞」的小朋友，對畫畫仍然很感興趣。

這個實驗在心理學上被稱作「過度辯證效應」（Overjustification Effect），是指當一個人原來就喜歡某項活動（即有內在動機），若再給予他外在的獎勵，反而會削弱他的內在動機。

我在學生身上也看到了類似的現象，這是老師在使用增強物做為外在動機時，要非常注意的。

這次有兩個雞排嗎？

以雞排和飲料鼓勵學生，一段時間之後，除了可能會出現「過度辯證效應」，有時候學生還會說：「上次考八十分給一塊雞排，那這次考九十分以上是不是有兩塊雞排？」或是加分機制實行一段時間之後，本來加一分就有效果，後來可能要加兩分、加三分……

為什麼會有這個現象？我們可以用科學家埃里克．坎德爾（Eric Richard Kandel）的實驗來說明。

外在動機要維持下去，獎勵會愈給愈大。在實施雞排飲料初期，因為能在校內吃雞排喝飲料是很難得的體驗，馬上收到很大的效果。但是過了一陣子，隨著發生的次數愈來愈多，學生開始習以為常後，效果就明顯變弱。

接著，學生開始提出各種「客製化」條件，包括要熱騰騰的雞排、要在午餐後喝到還沒退冰的飲料、要在第八節上課時吃雞排等，這些客製化條件都在提升增強物的「效果」。

後來我才知道，這其實是一種「習慣化」的現象。

坎德爾在二〇〇〇年以海蛞蝓的研究獲得諾貝爾生醫獎，揭開了記憶在分子層次上的運作。他提出了「敏感化」和「習慣化」兩個歷程。

一般狀況下，如果海蛞蝓的尾巴被碰觸到，牠們會把身體「吸管」的部分縮回來，這個凸起物是用來排泄廢物或過多的水分。

但是坎德爾發現，當這個刺激是很痛的，例如電擊，這種反射動作就變得更敏感。換句話說，在被電擊過之後，海蛞蝓下次被碰觸時會更快速的把吸管收回來，即使當時的刺激比較輕微而且不會疼痛。坎德爾將這個歷程稱作「敏感化」。

而相對於敏感化的另一個歷程則是「習慣化」。敏感化是誇大訊號，習慣化則是削弱訊號。

坎德爾也用海蛞蝓展示習慣化，他在海蛞蝓身上施加一個小小的、不會引起痛覺的碰觸。一開始牠還是會把吸管縮回體內，但是重複幾次之後，海蛞蝓像是了解到這個刺激沒有危險，於是再碰牠，吸管也不會縮回了。牠對這樣的刺激產生了耐受性。所以我們可以說「習慣化」是一個歷程，它讓新奇的刺激變成舊刺激，讓不熟悉的東西變得平常。

坎德爾有關「習慣化」的發現，可以用來解釋為何學生對雞排和飲料逐漸不再感到新奇，也提醒我們，以增強物做為外在動機時，這個刺激是有期限的，一旦發生習慣化，這個增強物的效益就會迅速消退。

哥吃的不是雞排

外在動機增強物有可能轉化成內在動機，這是我在雞排飲料時期最大的收穫。

● 海蛞蝓敏感化實驗影片
https://youtu.be/P7Qjjl-CN4U

如同前面所提到的，學生習慣雞排飲料的刺激後，開始提出一些「客製化」要求，其中，「要在第八節上課時吃雞排」這個要求讓我覺得特別有趣。

有一天，班上某一位同學表現得特別好，於是我答應了他的要求，讓他在第八節上課時吃雞排。這一吃不得了，試想一下：冬天天氣冷，學生餓得特別快，到了第八節已經是飢腸轆轆，外面天色又漸漸暗了下來，在這樣的時刻，全班只有他一個人能吃熱騰騰的雞排，他吃的真的是「雞排」嗎？

「**哥吃的，不是雞排**。」

「**哥吃的，是同學羨慕的眼光**。」

這個體悟讓我想起大學時學過的馬斯洛需求層次理論。馬斯洛將人類的需求分成七個層級，從低到高分別是：生理需求、安全需求、隸屬與愛的需求、自尊需求、知的需求、美的需求、自我實現需求。

如果依馬斯洛的需求層次理論來說，雞排飲料可能是「生理需求」，而一旦學生在所有同學羨慕的眼神下，吃了這塊雞排，這塊雞排瞬間就滿足了「自尊需求」，非但大大提升了增強物的價值，更重要的是，距離我希望學生追求的「知的需求」，只差一級了。

我彷彿隱隱約約看到了一個機會，讓我可以藉由增強物提升外在動機，一路引導學生走到內在動機的提升。

雞排飲料時期對提升學習動機來說，並不算成功，但讓我看見了增強機制與需求層次理論結合的可能。

如果說，我的教學是一連串的嘗試與摸索，我想，鼓舞我前進的動力，除了對教學知識的好奇，最重要的可以說是，每一次失敗後，從中獲得的體悟和成長，而無庸置疑，「雞排飲料時期」是我教學生涯中，非常有價值的一次失敗。

嘗試過雞排飲料，獲得增強機制與需求層次理論結合的啟發後，除了雞排和飲料變成了雞排卡和飲料卡，為了讓獎勵更多元，也試著讓增強機制結合需求層次理論，我著手製作了各式各樣的卡，包括文具卡、換位卡、先選位卡、換工作卡、加倍卡、信用卡、好朋友卡、金牌卡、再抽一次卡，當然還有銘謝惠顧卡。眼尖的讀者會發現兩張特別的卡：「再抽一次卡」和「銘謝惠顧卡」。有別於之前的雞排卡和飲料卡，這一版本的卡是用抽的，為什麼我這樣設計呢？

行為學派心理學家史金納曾經設計一個箱子，用來研究操作制約的現象。後代心理學家把它稱作史金納箱（Skinner Box）。

在這個箱子裡有一根槓桿，當槓桿伸出來時，如果老鼠剛好去壓到這根桿子，就會有食物掉下來。如同大家所猜想，老鼠獲得食物的愉悅，會讓牠更頻繁的去碰桿子，也因此獲得更多的食物。

史金納很好奇，如果不要每次都給食物（間歇性增強），是否也能訓練出老鼠壓槓桿的行為呢？

根據史金納的觀察，間歇性增強比每次都給食物的連續性增強來得更有效，而當間歇性增強停止後，行為消退的情形，也遠遠低於相同次數的連續性增強。

簡單來說，這個實驗設計了兩種增強形式：

1 **連續性增強**：每壓槓桿必有食物掉下來。

2 **間歇性增強**：不是每次壓槓桿都有食物掉下來，可能是壓幾次或是壓幾秒才有食物掉下來。

舉例來說：

1 **連續性增強**：每月一號必發薪水；每次考滿分都能得到雞排（或雞排卡）。

2 **間歇性增強**：玩夾娃娃機夾中娃娃；每次考滿分都可以抽卡（有可能抽中雞排卡或銘謝惠顧卡）。

史金納的實驗讓我體會到，不可預期的「間歇性增強」對訓練老鼠壓槓桿的效果是比較好的。於是我便將「不可預期」視作增強機制中很重要的一個元素，也因此將發卡轉變為抽卡。

關於「不可預期」，我在一本探討大腦與成癮行為的書裡，也看到類似的發現。書上提到，在不同地點、不同時間、不可預期的給與高劑量藥物，較易產生敏感化；而總是在相同地點、相同時間、可預期的給與低劑量藥物，較易產生耐藥性。這或許可以做為「間歇性增強」何以會有較佳效果的另一種解釋。

由於這個「不可預期」的元素效果非常好，後來我在網路上買了刮刮膜，將這些卡全部加工做成刮刮卡，藉由刮開銀色薄膜必須延長時間與心理歷程的特性，增強學生心中「不可預期」的感受，效果出奇的好。

關於連續性增強和間歇性增強，最後要補充的一點是，在學習新的行為時，立即且連續的增強，效果較佳；但在避免習得行為消失時，要採用延遲和間歇的增強。老師在給予增強物提升外在動機時，如何在兩種增強模式間轉換操作，需要透過經驗累積才能掌握拿捏。

你聽過 Hello Kitty 磁鐵嗎？

我在增強機制裡操作的第二個元素是「收集」，靈感來自於超商的集點活動。集點活動已經是我們每天的日常，各家便利超商幾乎都有，但你知道台灣超商第一個集點活動是什麼嗎？

答案是 7-11 推出的 Hello Kitty 磁鐵。

二〇〇五年，為慶祝 Hello Kitty 三十週年，7-11 推出集點兌換紀念磁鐵活動，共三十三萬人次搶換，送出五千萬個磁鐵，從此帶動全民集點風潮。

我在演講時，常秀出一張全套 Hello Kitty 磁鐵的照片（無意間透漏了年齡），問問聽眾是否有印象？我自己真實經歷過那段大家搶著兌換磁鐵的年代，對人們收集「成套」的堅持感到神奇。

也因此，我將「收集」這個元素納入增強機制與班級經營中，建立一個班級點數銀行。從收集蘋果（點數），延伸成為班級的 A 幣與 P 幣，一應俱全，並且建立了兌換機制。聯絡簿寫得好給一顆蘋果（1A），主動為班級服務給 3A……。如果要抽卡，則是需要 1P 才能抽一次。

A幣與P幣之間有一個兌換機制，一開始10A換1P。這有點類似匯率，但匯率並不是固定的，會隨著班級表現而浮動。班級表現好，8A換1P，甚至5A換1P；班級表現差，20A換1P，甚至50A換1P。有時候還會聽見學生之間有這樣的對話：「現在匯率不錯，趕快去換P」、「外掃區沒掃乾淨，如果被扣分，匯率會上升，趁現在趕快去換P」。

由於這是班級點數銀行，所以班級幹部每月可以領月薪（點數），每個月也會結算利息給同學。既然要算利息，就會有利率，利率也不是固定的，會隨著班級的表現而上升或下降。所以，黑板上會有兩個數字，一個是A幣和P幣之間的匯率，另一個是結算利息的利率。這個方式有助於班導師的班級經營，但是科任老師使用的效果比較不顯著。

每個月存款（點數）最多的同學，就成為這個月的「蘋果大亨」。我會製作一張大海報貼在掃具櫃，上面寫著「〇月蘋果大亨〇〇〇同學」。

收集到的蘋果（點數）除了可以選出每月的蘋果大亨，還可以抽卡。但學生在下課時間找老師抽卡，不但占用老師的休息時間，一群學生擠在辦公室抽卡，也會影響到其他老師。後來，這個抽卡的機制就做了大幅度的調整。學生獲得蘋果（點數）後，兌換成貼紙點數，貼紙點數還能兌換刮刮卡。

常常會有老師問：刮刮卡的內容是什麼？一般來說是文具、飲料、點心、雞排、禮券這些看得到、用得到、吃得到的東西，屬於馬斯洛需求層次理論中的生理需求。也可以是班上的「特權」，比如生日卡（生日時大家一起為他唱生日快樂歌）、午餐時間第一個盛飯菜、午餐時間點一首歌、換座位、換打掃工作、午休時間到辦公室看書或聽音樂、免罰金牌等，這時，需求層次提高到了隸屬與愛的需求和自尊需求。有時，刮刮卡內容是一句鼓勵的話：「機會是留給準備好的人」、「堅持到底就會成功」、「學習不是為了獎品」、「學習是為了遇見更好的自己」……

刮刮卡的內容從看得到、用得到、吃得到的東西，逐漸轉變成班上的「特權」，再到一句鼓勵的話，需求層次逐漸提高。本來是外在動機的刮刮卡，就逐漸轉變成內在動機。

最歡樂的大獎

「不可預期」、「收集」、「歡樂」，可說是增強機制三元素。

有同學收集了很多點數，兌換了一堆刮刮卡，卻不一口氣刮完，一直撐到最後，等全班都刮完了之後，才慢條斯理的刮。圍觀的同學急了，催促他快一點，他還故意說：「沒辦法，刮太多了，手沒力。」然後上演慢動作刮開薄膜的戲碼，吊足了眾人胃口。還是那句老話，哥刮的哪是什麼刮刮卡，哥刮的是同學羨慕的眼神呢！

這就是國中生的日常，也是我在增強機制裡添加的元素——歡樂。

「歡樂」是我們維持動力很重要的元素，一間歡樂的教室，讓學生願意走進來學習數學。這並不是陳腔濫調，而是溫暖接納的氣氛，能避免學生的大腦處在壓力賀爾蒙下無法思考，更有助於記憶的形成。所以在我的班級經營裡也納入了許多「歡樂」，像是學生上演的歡樂劇，還有課堂上的即興演出，甚至於刮刮卡中還隱藏了神祕大獎——與老師合影留念！

刮到這個大獎的同學都非常「歡樂」呢！我問學生要不要把照片貼在臉書上標注他？學生「無奈的」表示：能跟老師合影已經很高興了。

在增強機制內，我加入了三個元素：「不可預期」、「收集」和「歡樂」，最重要的是，我將常見的增強機制與需求層次理論做了結合（參見下頁表8）。

表 8　需求層次與增強機制的結合（頁 170-171）

<table>
<tr><th>需求層次</th><th>增強機制的具體做法</th><th>滿足需求的方式</th></tr>
<tr><td>自我實現的需求</td><td>我想成為〇〇世界冠軍
有一天回母校說自己的故事
希望我第一次打電話給你爸是說你有多棒
他是我學生（兒子），我以他為榮</td><td rowspan="7">● 間歇性的正增強效果好
● 不可預期（隨機）
● 抽籤、抽卡、刮刮卡
● 未知揭曉速度（你不能刮，所以我慢慢刮）
● 點數銀行變動匯率、利率
● 給予鼓勵和必要的支持
● 刮中（抽中）一句鼓勵的話，由外在動機轉為內在動機
● 過度辯證效應——外在動機會削弱內在動機</td></tr>
<tr><td>美的需求</td><td>學習欣賞別人的優點、學習欣賞自己的優點
嘗試讓別人欣賞自己</td></tr>
<tr><td>知的需求</td><td>求知本身就是一件快樂的事
有獎徵答、老師忍住不說答案
問題由淺入深，慢慢建立成就感與自信心
刮（抽）中一句話：學習不是為了獎品，學習是為了遇見更好的自己</td></tr>
<tr><td>自尊需求</td><td>上課吃雞排（別人羨慕的眼神）
午休到辦公室看書、聽音樂、吹冷氣
上課放空、聽音樂、做自己的事……
午餐第一個打菜／開動、午餐點歌
班級點數銀行發給點數
本月蘋果大亨公告周知</td></tr>
<tr><td>隸屬與愛的需求</td><td>團分制（整組的分數綁在一起）
小隊競賽、分組競賽……（人際關係）
生日卡（生日當天大家為他唱歌慶祝）
班遊、同樂會（全班達成設定目標）</td></tr>
<tr><td>安全需求</td><td>免罰金牌……</td></tr>
<tr><td>生理需求</td><td>雞排、飲料、文具……</td></tr>
</table>

需求層次	核心
成長需求（內在動機）	有目標的責任感 經過努力換取的成果才有價值
	欣賞自己和他人
	好奇心 接受挑戰、克服困難 成就感、自信心
	由他人的認同（羨慕、佩服……） 轉為自我認同、自我評價 做與眾不同的事情、特權
基本需求	虛榮心 喜歡贏不喜歡輸
	認同感 小組或班級歸屬感 不孤單一起走
	避免懲罰
（外在動機）	吃的、喝的、用的

這樣的結合，讓我在運用增強機制時，有一個完整的藍圖，因為它具備一個由下而上逐步推升的方向性。

比方說，一開始給雞排卡，但當學生的表現穩定進步時，給的就是在第八節上課時吃雞排，如此一來，同樣一個增強物雞排，就從生理需求推升到自尊需求，也就讓學生從吃雞排的外在動機轉化為獲得同學認同的內在動機了。

再舉個例子，像生日卡這樣的增強物，讓全班在獲獎同學生日時為他唱歌慶祝，乍看之下沒什麼，但是在心理上為學生創造一個溫暖接納的環境。又比如學思達老師常用的團分制（把整組的分數綁在一起），有時候學生會說：「老師你可不可以扣我的個人分數，不要扣小組成績？」團分制裡頭綁了人際關係。

如此有機的結合「不可預期」、「收集」、「歡樂」三元素，以及增強物和需求層次理論，讓我在培養學生內在動機上有更清楚的藍圖。不過在實際操作時，平日師生關係、班級經營的基礎，以及老師的臨場反應，仍然是非常關鍵的因素。

因為好奇，所以想要

在教學現場運用知的需求時，通常是遇到一個值得討論的數學問題，我心裡很清楚機會來了，所以我把這個問題拋出，並且附帶一杯飲料。

接著提醒自己留足夠的時間讓學生思考，學生的答案通常不會一次講對或講完整，所以我必須追問，幫助他澄清思緒，當回答的學生有兩三個時，誰先答出來會形成時間壓力，這時候氛圍就會有點緊張，因為學生的大腦必須開始在壓力下運作（通常都會影響表現）。

有時我會再加壓，比方說「○○同學很接近了」；有時我會減壓，比方說刻意再把題目問一遍，完全取決於當時的氛圍。等到幾番的輪流發表，激盪出更完整的答案後，我除了鼓勵答對的學生，也會一併肯定過程中其他學生很精采的答案或思考，然後就刻意忘記飲料這回事，因為他已經獲得比飲料更重要的回饋——思考、探尋的過程，和滿足知的需求的喜悅。

這個過程看起來平淡無奇，但其實很考驗老師的教學決定，因為在知的需求中，吸引學生的三個要素分別是：自信心、挑戰和好奇心，我必須非常仔細的在這三個要素中拿捏。

其一，我要確定依據學生過往的經驗，這個提問他自己是有信心處理的，如果他對這個提問沒有足夠的信心，通常就會跳過。

其二，我必須確定這個提問對他而言是個可達成的挑戰，像是手伸長、腳蹬一下就有機會摸到的感覺，這樣他才願意持續嘗試。

而最難的是，我要維持他的好奇心。老師必須忍到最後一刻，而且過程中不能過度引導，否則他很容易就從「探索」變成「猜」。「探索」和「猜」對好奇心來說有著天壤之別。

近代因為科學的進步，我們對大腦有更深的認識，也讓我們對動機在大腦內的機制有更多的了解。

在哈佛大學兒童發展中心一篇談論動機的文章中提到：「結合正向外在回饋與其支持的內在驅動因子，最有利於建構健康的動機系統，但只憑藉外在回饋，並不足以構成長期行為的有效驅動力。」

在趨向動機中，有一個「想要」（wanting）系統與一個「喜歡」（liking）系統，用以區別獲得某種經驗的欲求與真正體驗所得到的酬賞。

精神科醫師唐納．克萊因（Donald Klein）提出，至少有兩種不同的愉悅感。這兩種愉悅感對動機的影響，無論在化學和心理上都非常不同。他認為「獵捕的愉悅」（想要）和「饗宴的愉悅」（喜歡）是不同的。

「獵捕的愉悅」強調的是追逐的快感：興奮、渴望、刺激、意圖，一種有權力和信心、有能力追求，以及獲得自己想要的東西的感覺。相反的，「饗宴的愉悅」則強調滿足、舒適、放鬆、完成工作的成就和平靜。

從這些論述裡，我們可以發現，好奇心所引起的「探索」，對啟動學生「想要」的愉悅感上，是有幫助的。但「猜」缺少了「探索」，在引起思維層次上的追逐，相對較沒有幫助。因此，如何激發、維持學生的好奇心，並且讓好奇心發酵，是我們在促動學習動機（知的需求）很重要的一環。

好奇心在形成學習動機上是如此珍貴，我要和所有老師共勉：「問足夠好的問題，並且保持耐心，讓好奇心發酵。」

如果學習像夾娃娃

路邊或夜市常常看見夾娃娃機的店，我常常想，夾娃娃到底有什麼魅力？

簡單介紹一下夾娃娃機。通常夾娃娃機的夾子一開始感覺非常不給力，常常夾到之後又掉了下來。最令人揪心的是，眼看就要成功夾到娃娃，卻碰到洞口又掉了進去，讓人覺得很不甘心，又去換了很多銅板，非夾到不可！

夾娃娃機還有一個保證取物（保夾）的機制，當你投錢到達一個設定的金額，接下來就不必再投錢，直至成功夾到娃娃為止。當然，這個時候夾子會突然變得很有力，就算是一塊大石頭也可以夾得起來。

我常常在演講中放一張夾娃娃機的圖片，裡面放的是小熊餅乾，小熊餅乾在超商只要花三四十元就可以買到，但是夾娃娃機設定的保證取物要一百二十元。

有些人夾到餅乾之後還會直接送給旁邊圍觀的小朋友，如果真的要吃小熊餅乾，直接去超商買就好了，為什麼要夾？甚至夾中了之後還送給別人！可見有時候夾娃娃並不是為了餅乾或娃娃，而是為了成功夾中物品的成就感。

如果夾娃娃機裡面放一塊大石頭，我還會去夾嗎？如果沒有保證取物的機制，我又一直夾不到，可能就再也不會想夾了。

如果，學習像夾娃娃呢？

從這個角度來思考，有兩個重點：

1 容易夾得到：學習新東西的時候，不要一開始就給學生太難的東西，讓學生想放棄。要讓學生感覺很容易學會，「這不難，我可以！」不要在夾娃娃機裡放一塊大石頭。

2 保證夾得到：當學生一直卡關無法突破的時候，要有一個保證取物（保夾）的機制。也許是附上文字提示或影片連結，也許是旁邊有同學可以問可以幫忙，也可以是老師直接幫助他，讓他不要輕易放棄。成功夾到娃娃的經驗，才會讓人下次還想玩。

說一個你自己的故事

從前面的說明，大家或許可以看出一些有趣的現象，有時候外在動機似乎可以轉化為內在動機。

雞排（外在動機）＋眾人羨慕的眼光（自尊需求）→內在動機

加分（外在動機）＋小組同一個分數（隸屬需求）→內在動機

幸運餅乾或刮刮卡（外在動機）＋抽中一句話「學習是為了遇見更好的自己」（求知需求）→內在動機

感覺上好像有一個公式，可以把外在動機轉化成內在動機。

外在動機＋馬斯洛高階需求→內在動機

但是，如何將高階需求巧妙的與外在動機綁在一起，需要一點巧思與不斷嘗試。

有沒有不經過外在動機，而直接以內在動機驅動的情況呢？

有一天，女兒回家很高興的說：「爸爸，我今天『學會』溜直排輪了！」她「學會」溜直排輪，覺得好高興，這是因為每個人都有求知的需求，「學會」一件事帶來的成就感，也同時帶給她快樂。

還有一次，女兒參加學校的直笛團，負責吹奏高音直笛（比較短）。直笛團寒暑假都必須集訓，每天都需要家長接送。有一天，她回來時悶悶不樂，我問她發生了什麼事情。

「今天老師都練中音和低音直笛，沒練到高音直笛，很無聊。」

「那你可以到旁邊去練啊。」

「老師說不行，會干擾到其他人。」

「既然這麼無聊，乾脆退出直笛團，不要練了。這樣子你輕鬆，爸爸也輕鬆。」

「我不要退出，我喜歡跟大家一起合奏的感覺！」

喜歡跟大家一起合奏的感覺，比給她雞排飲料更有用。發自內心的喜歡，讓女兒願意忍受集訓時無聊的階段，等候讓她開心的合奏時刻。

誤打誤撞玩起疊杯的林孟欣，很快便成為疊杯高手，台灣疊杯協會認為她可能是全台灣速度最快的疊杯選手，只要贏得台灣冠軍賽，就可以代表台灣參加世界大賽。然而，第一次參加比賽時因為過度緊張而輸給年紀比自己小的男孩，林孟欣沮喪到決定放棄疊杯，卻在半年後看到當初打敗自己的男孩代表台灣出賽，在美國贏得了世界疊杯大賽第七名。看完比賽影片，林孟欣備受激勵，決定重拾疊杯，立志要為台灣拿下世界冠軍。

她每天練習兩小時以上，即使練到得肌腱炎也不肯放棄，一心想著：「我要成為世界冠軍！」支持她繼續走下去的動力不是雞排飲料這類外在動機，而是疊杯帶給她的自信心與成就感，以及想被家人看見的心——她在課業上沒有凸出表現，希望用另一種方式讓家人引以為傲。

最後，林孟欣在十六歲那年拿下世界冠軍。在大陸工作、連她的小學畢業典禮都沒回來參加的爸爸，也在微博上分享女兒的新聞，給她很大的鼓勵，那一刻，她覺得自己終於被爸爸看見了。

生命中重要他人的一個小動作或一句話，都是強大的動力。出於對家人的愛，孩子願意持續不懈的努力，再痛也不放棄，再痛也願意忍耐。

成為無法被取代的人

八歲那年，楊元慶以一百分考卷換到人生第一顆溜溜球。爸爸給他這份禮物，是希望他好好讀書，未來可以當醫生。然而，他卻在十四歲那年立志成為溜溜球高手。

如今，他是兩項溜溜球項目金氏世界紀錄保持人，也是一名街頭藝術家。雖然沒有成為爸爸期待的醫生，但爸爸從一路反對，到成為楊元慶臉書粉絲專頁的頭號粉絲，不僅大力分享他的動態消息，還會逢人便說：「楊元慶是我兒子，我非常以他為榮。」

楊元慶在演講場合中總是告訴年輕人：「如果你對於自己想做的事情有熱情，並且堅持不放棄，那麼總有一天，你可以站在某個地方，對一群人，說一個關於你自己的故事。」

「不是要當最厲害的，而是要成為無法取代。」如同楊元慶廣為人知的名言，他一貫堅持的，是做自己想做的事，成為這個領域裡無法被取代的人。

內在的信念，比雞排飲料這樣的外在動機，更有力量。

從上面分享的幾個故事可以發現，要以內在動機驅動，除了可以使用外在動機加上高階需求轉化而成，還可以找到孩子的亮點，培養他們的自信心與成就感，也可以找到孩子的重要他人，給孩子一個窩心的小動作、一句打動內心的話。如此，不必經由外在動機，也能以內在動機驅動孩子前進。

烤肉如何生火？

如同前文所述，增強機制有兩大缺點：

- 世界疊杯冠軍林孟欣分享心路歷程的影片
https://youtu.be/RsYAbuLgJNE
- 溜溜球金氏世界紀錄保持人楊元慶分享心路歷程的影片
https://youtu.be/_J8VwwA38r8

1 過度辯證效應：外在動機會削弱內在動機。

2 習慣化：一個雞排不夠，要兩個雞排才夠。

那麼，我們是否要摒棄增強機制呢？

「烤肉如何生火？」我常常在演講時拋出這個問題。

生火通常要用火種，火種的目的是什麼呢？火種的目的是點燃木炭，接著用木炭去烤肉。那麼，有沒有人是用火種在烤肉呢？

沒有！火種最後必定要功成身退。

增強機制就是點燃木炭的火種。

火種就是外在動機——加分、雞排、飲料等；木炭則是內在動機——自信心、成就感等。

一開始要點燃木炭並不容易，有些木炭很大塊，很難點得著；有些木炭泡過水、受了潮，也很難點著。有時候一個火種不夠，還要兩個、三個……甚至需要借助瓦斯噴槍，才能成功點著。

有時候好不容易點著了，卻一個不注意，題目出太難，或是同學的冷漠、缺少師長陪伴……都好像潑了一盆冷水，可能讓木炭再也點不著。

記得夾娃娃機的啟示。讓學生學習新事物時，把握兩個原則：容易夾得到，保證夾得到。避免在木炭上頭潑冷水，產生習得的無助感。

當木炭點燃後，火種自然功成身退，也就是說，「增強機制」最後一定要退場。問題是，如何退場？

1 消弱：比如說，老師忘記加分，但學生覺得已經獲得比加分更珍貴的成就感，也就不會在意是否加分，這時候就可以自然退場。就好像木炭已經點燃，小小的火種自然功成身退。

2 轉化：從外在動機轉化成內在動機，有三種做法：

外在動機＋高階需求→內在動機

雞排＋別人羨慕的眼光→內在動機

加分＋整組同學分數綁在一起→內在動機

或者，一開始就直接用瓦斯噴槍去點燃木炭。

例如：生命中重要他人的一個小動作或一句話（轉貼得獎的新聞、「我以他為榮」……）；有力量、能打動人心的一句話（「有一天，你可以對一群人說你自己的故事」……）。

增強機制不是不能用，而是怎麼用、怎麼好好的用。

從雞排飲料到間歇性增強機制及增強機制三元素，而後結合需求層次理論及腦科學新知，在激發學生動機的議題上，我持續嘗試與鑽研，希望有一天能讓每一個孩子都喜歡思考、喜歡學習。

第5章

從差異化教學到個人化學習

學生學習的速度有快有慢，教學進度應從「教」的進度轉變為「學」的進度。培養學生看影片自學的能力，輔以同質分組和分級學習單，並根據班級屬性，從「單軌學思達」發展出「兩軌學思達」、「三軌學思達」，進行差異化教學。讓學生學會學習，比學會學科更重要。

「教完」還是「學完」？

我常常在演講一開始的時候問聽眾一個問題：「有參加過跑步比賽，或是看過跑步比賽嗎？」

接著再問：「賽跑的時候，有人跑得快，有人跑得慢，對吧？」

然後又問：「如果，槍響時所有人一起開跑，最後大家同時到達終點，你覺得可能嗎？」

大家幾乎都搖頭，覺得不太可能……

我繼續追問：「如果我要求槍響時所有人一起開跑，而且最後大家同時到達終點，要怎麼跑？」

有人說：「綁在一起跑。」

也有人說：「跑得快的人，等跑得慢的人，就像龜兔賽跑的兔子等烏龜趕上來之後再一起跑。」

想想看，現在的教學現場是不是就像這個樣子呢？

學習速度有快有慢，但不管學得快還是慢、跑得快還是慢，開學時大家同時起跑，段考前大家一起抵達終點。

跑得快的人無法繼續向前，必須等待其他人跟上，也許等著等著就睡著了……

跑得慢的人除了要追上前面的人，還要跟時間賽跑、跟自己賽跑，也許跑著跑著就放棄了……

很荒謬嗎？

目前教學現場的現況就是如此，日復一日，年復一年……

老師該怎麼辦呢？

有的老師說：「在終點前等其他人。」（段考範圍讀完了以後就開始等其他人）

有的老師說：「跑得快的人背著跑得慢的人。」（強帶弱、小組合作……）

我的想法是：A咖跑外圈，B咖跑內圈，C咖跑中間（原地繞一小圈）。

A咖跑外圈，給他多一點、深入一點的資料。

B咖跑內圈，以課本習作的範圍為主。

C咖跑中間，減少內容，以「學會」取代「教完」。

真實的面對現場的狀況和學生的實際狀態來處理。重點是「學」而不是「教」！

你吃過鹽酥雞嗎？

我喜歡吃鹽酥雞，常常點的是：鹽酥雞、米血糕、甜不辣、玉米筍、四季豆、小黃瓜……還很喜歡九層塔和蒜頭的提味。

你看過老闆炸鹽酥雞嗎？這些食材是一起下鍋炸嗎？

絕對不是！

慢熟的鹽酥雞、米血糕、甜不辣先下鍋炸，接著才是玉米筍、四季豆、小黃瓜，最後在起鍋前放下九層塔，起鍋後再撒上蒜頭、胡椒粉。

如果一起下鍋炸會有什麼結果呢？

有些可能還沒熟。

有些蔬菜就老了、乾了。

原來炸鹽酥雞也要差異化！

常常在演講時提到這個例子，大家都會心一笑。這時候我還會加碼講一個禪師與小和尚的故事。

有一天，禪師與小和尚討論佛法，禪師問：「外面有一棵樹，看到了嗎？」

小和尚回答：「看到了。」

禪師說：「秋天到了，這棵樹一直掉葉子，你去掃一掃吧。」

小和尚就去把樹葉掃成一堆，他問禪師：「師父，接下來呢？」

禪師說：「我們新北市要用專用垃圾袋，你把落葉裝進垃圾袋吧。」

小和尚裝了一袋之後，袋子滿了。還有落葉還沒裝進去。

小和尚問禪師：「師父，接下來呢？」

禪師說：「你就繼續裝，繼續裝啊！」

故事講到這裡，有一些聽眾笑了出來，有些聽眾遲疑了一下也笑了出來。

在一個常態編班的班級裡，一般老師通常會以中等學生（B咖）的程度來講述課程內容。對於優秀的A咖學生而言，他已經會了，但還是要「裝乖」坐在教室裡聽老師講課。對於比較跟不上的C咖學生而言，他聽不懂，但還是要「裝懂」坐著放空。B咖學生一開始還很認真，但一段時間過後，其實專注力已經降低，還是要假裝很認真。老師有時候會問：「有沒有問題？好的，大家都沒有問題，我們進入下一個單元。」老師也在假裝！大家都在假裝，這個課堂的學習效果怎麼會好呢？

所以，我認為所謂的差異化教學就是：大家都不要再裝了！

真實面對學生的狀態，會的就繼續向前，不會的就放慢速度，從不會的地方開始。同時，每隔一段時間切換模式，抓回學生的專注力。整體目的就是要讓「課堂的真實效率」有效提高。因此，我慢慢的摸索，根據班級屬性的不同，從「單軌學思達」發展出「兩軌學思達」、「三軌學思達」等差異化的做法。

為什麼要這麼「麻煩」？兩軌、三軌？是老師刻意「炫技」嗎？

為什麼這一班是兩軌，另一班卻是三軌？並不是我「刻意」要這麼做，而是這個班就長這個樣子。這一班沒有超強的A++學生，也沒有落後的C咖學生，分成快、慢兩軌剛剛好。另一班學生差異比較大，分成三軌比較適合。

為什麼要差異化？

因為「遇到了」。遇到的班級就長這個樣子，差異化是最適合學生學習的做法。

不是「刻意」，也不是「炫技」，就是「遇到了」。

三軌學思達的兩個關鍵

要做到「三軌學思達」，有兩個重要的關鍵：

一、翻轉「老師」的定義

和大家分享差異化教學的時候，我常問一個問題：「教室裡有幾個老師？」教室裡最老的是老師，事先設計好的講義是老師的分身，講義裡的 QR Code 連出去的影片也是老師，而講義裡面提到「請看課本第七十頁」，課本也是老師；請上網查一下資料，網路也是老師。小組討論的時候，同學是彼此的老師；上台分享表達的時候，學生覺得自己的表現很棒，或是還需要改進，下次想要怎麼做？自己也是自己的老師。

正因為在課堂中有很多老師的分身，才有辦法做到差異化。這裡要注意的是：並不是丟一塊平板給學生，他就有辦法自學。學生必須會解讀課本、解讀影片，才有辦法自學。講義必須先設計過，才能成為老師的分身；學生必須有表達能力，才能成為其他同學的老師。

二、同質分組是要點

同質分組的意思是：A咖一組，B咖一組，C咖一組。

有些老師問：「劉老師，您說同質分組是要點，但為何我同質分組之後，卻遇到很多問題呢？」

「你遇到什麼問題呢？」

「有些學生會一直問我：『這題答案對不對？』」

「那就附答案哪！」

「有些學生不會，要我教他。」

「那可以附上 QR Code，連結教學影片。」

……

「沒錯！只要把這些問題都解決，就可以做到差異化的『三軌學思達』模式。」

兩個大問題是：

1 同質分組就不能每組都用同一本講義，必須設計A、B、C三個版本的講義。

2 如何才能在一節課裡，同時讓A、B、C三組學生在各自的軌道前進？

接下來和讀者具體分享我是如何透過四個階段的操作，一步一步帶領學生進入三軌並行的學思達教學，這四個階段分別是：

第一階段：心智圖＋單軌學思達
第二階段：影片公播＋單軌學思達
第三階段：影片自學＋單軌學思達
第四階段：兩軌或三軌學思達
（第二、三、四階段，講義中會留空間讓學生畫心智圖）

三軌學思達的運作模式

二〇一五年，我開始開放教室，在現場流暢的操作數學學思達，我在課堂上所關注的對象，從以往每節課預計講述的重點，移轉到每位學生在課堂上的學習情況，也因此開始思考該如何運用學思達去處理「差異」。因爲，我開始無比清晰的看見每天真實存在於課堂裡的學生「差異」。

學生在課堂上存在許多差異，我看見的至少有三個向度：學習速度的差異、學習能力的差異、學習主體性的差異。學習速度的差異就是有的孩子學得快、有的孩子學得慢；學習能力的差異是有的孩子能處理較困難的學習材料、有的只能完成基本的內容。而學習主體性的差異則是指學生是不是能主動積極的處理自己的學習，有的孩子很主動，不太需要老師提醒；有的孩子比較被動，需要老師時常提醒鼓勵。

我開始思考如何處理這些差異，讓學生能在每週四至五節的數學課裡，真實並且最大程度的參與學習。教材的差異化處理，是我第一個想到的方向。

每個老師都希望每個學生可以成為A++，但是往往在老師的期待和學生的實際情況之間有落差。老師常常在「讓學生再往前一步」和「避免學生受挫」兩者之間掙扎，如何取得平衡點很重要。當然這個平衡點並不是固定不變的，會隨著學生的學習狀況和心智成熟而有所改變。

一開始，我只做一個版本的學思達講義，會要求學生先寫基礎題，再寫一般題，最後才寫進階題。這樣做的好處是：讓學生自己評估能寫到哪裡，這時候可以很清楚看出學生在學習速度上的差異。一段時間之後，我會要求A咖學生整本都做完、B咖學生不必做進階挑戰題、C咖學生做基礎題即可。就像是賽跑的時候，A咖跑外圈、B咖跑內圈、C咖跑中間。

曾有一位學生跟我說：「一般題和進階題我都覺得太難，但我還想多寫一點基礎題，可以再多出一點基礎題給我嗎？」這時候，一個版本的講義就會不符合學生的需求，對A咖而言，基礎題只要寫幾題就夠了，大部分時間會放在挑戰進階題。但對C咖而言，基礎題的練習量必須增加。這讓我開始思考將講義分成兩個版本或三個版本的可能性。

經過一段時間的嘗試與摸索，我開始製作不同版本的講義，並讓學生按照自己的意願與能力選擇版本。一開始分成A、B兩個版本，A版本就是原來的學思達講義，B版本就是將A版本簡化過的版本。

二〇一八年，我參與了高師大張玉玲教授主持的「看見教室裡群星閃耀」亮點教師計畫，這個計畫藉由拍攝不同典範教師的教學歷程，呈現教室內師生互動的實際情況，也記錄學生在課堂上不同時間點的變化，提供具體的教學指引給全台灣各地的教師。

該年四月十七日，這個計畫的攝影團隊到我的課堂上拍攝了一部三十分鐘的影片。當時只有A、B兩個版本的講義，依據學生學習的主體性不同，再將選擇A版

● 看見教室裡群星閃耀——教育部亮點教師計畫劉繼文老師課堂影片
https://youtu.be/K_AvKnudSOk

本的學生分成A1（主動性高）、A2（學習者中心），選擇B版本的學生為家教模式。這是初期兩個版本講義的三軌學思達模式（參見表9）。

後來，我又以林國源校長開發的「閱讀為本」教材為基礎，改編成第三個版本，因此，在教材的差異化處理上，就做出了三種版本，來支援學習能力的差異。我要特別感謝江翠國中的朱惠冠老師以及當時的實習教師李彥廷，沒有他們的幫忙，光靠我自己一個人的力量，不可能完成三個版本的講義。這些講義都公開放在均一教育平台所開發的ShareClass網站上，歡迎下載使用。網站上同時也提供了Word檔，老師們

表9　以兩種版本講義進行的三軌學思達上課流程

課堂計時（分）／同質分組	0-15	15-25	25-45
A1（主動性高）	思（討論）	達（直播與檢核）	學（自學）
A2（學習者中心）	學（自學）	思（討論）	達（發表與澄清）
B（家教模式）	達（教導與回答）	學（自學練習）	思（討論）

可以依學生的需求做增刪。

「閱讀為本」國中數學教材

相對於其他學科的學思達講義來說，我編寫的數學學思達講義，文字量少了很多。這背後有一個值得探討的問題是：數學科的學思達講義應該是什麼樣子？

師大數學教育中心楊凱琳教授接受教育部委託，由林國源校長主筆，開發了一套「閱讀為本」國中數學教材（這套教材可以在 ShareClass 或師大數學教育中心下載）。國源校長為了讓學生能透過閱讀學會數學，特別將國中數學課本以口語化的淺白文字改寫，提供給C組學生使用。

- 劉繼文老師設計的學思達講義，歡迎下載
  https://tinyurl.com/wus6p6v
- 「閱讀為本」國中數學教材，歡迎下載使用
  https://reurl.cc/GrxZ6y

「閱讀為本」教材也附了QR Code連結均一的影片，學生可以直接看影片學習。國源校長提出三階段的教學模式：Reading、Watching、Teaching，先給學生讀課本，讀不懂就接著看影片，再不行才由老師教。這樣的設計是為了培養自學力，在自學材料的處理上，是先讀文本，再看影片。

而我在數學學思達的自學講義上，則是讓QR Code和文字同時出現，讓學生自行選擇直接看文字或是掃QR Code。實際觀察下來，學生確實會有不同的喜好，有的會直接看文字，有的則會直接掃QR Code，與個人學習習慣有關。

降低標籤化現象

二〇一八年，有幾位新加坡的老師來觀課，他們提出一個問題：學生選擇A、B、C版本的講義，家長會不會有意見呢？事實上，版本的選擇是按照學生本身的意願，他可以選擇任何一個版本，所以學生和家長都可以接受。新加坡的老師打趣說他們可以命名為「福、祿、壽」三個版本。也有老師提到可以用「真、善、美」三個版本。這給了我一個想法，後來的講義就不使用A、B、C，而是「星星、月亮、太陽」，盡量把標籤化的現象降到最低。

此外，我觀察到有些學生可能比較適合B版本，但是他選擇A版本，可能是面子問題，或是想要跟好朋友一樣。有趣的是，有些學生拿A版本之後，會努力完成A版本的內容，慢慢的，他的能力也逐漸提升。當然，也有學生做得很吃力，我問他要不要換版本，學生會說：「讓我試試看！」當學生對自己有期許的時候，老師當然要盡量鼓勵他，甚至我會給他兩個版本的講義，請他自己評估，只要完成一本就好。也有一些學生程度很好，應該要選擇A版本，卻選擇比較簡單的C版本。這時候，我會建議他跟三個選擇C版本的同學坐在一起，當其他同學有問題時可以給予協助，並同時給他A、C兩個版本的講義，請他評估自己的狀況，完成其中一本即可。

有老師問我，班級內差異化教學和過去的「跑班」有何不同？

所謂的「跑班」，就是能力分組。比方說，按照學生上一個學期的學業成績，把全校學生分成A、B、C三個組別，數學課就到各自的分組教室上課。但這樣感覺是在對全校公告誰是A、誰是B、誰是C，標籤化現象十分明顯而強烈。

班級內差異化教學是在班級內做差異化分組。事實上，在一個班級裡面，誰是學霸、誰的程度如何，大家多少都有一點印象。而且在一個班級內，除了成績好不好，還有人緣好不好、畫圖美不美、跑步快不快、打籃球帥不帥等不同特質，標籤化現象並不明顯。

在班級內實施差異化教學，彈性比較大，隨時可以小幅度的調整座位和組別。跑班則要符合一些規定，想做調整可能要等一學期之後，而且要符合一些條件才可以進行。相對於跑班而言，班級內差異化教學是比較理想的方式。

讓學生掌握選擇權

學習主體性的差異是讓學生自由選擇，要「跟著老師走」還是「自己走」。跟著老師走的人，會跟著講義的進度；「自己走」的人則可以在課堂上依照自己選擇的講義版本進行自學。

初期只有A、B兩個版本的時候，學生會分成三群：A1（拿A版本自己走）、A2（拿A版本跟著老師走）、B（拿B版本先跟著老師走）。到了A、B、C三個版本的時候，班上的學生最多會有六群：拿A版本自己走、拿A版本跟老師走、拿B版本自己走、拿B版本跟老師走、拿C版本自己走、拿C版本跟老師走。

曾有來觀課的老師問，拿A版本的不是都可以自己走？又或者，拿C版本的有能力自己走嗎？

其實，不必然拿A版本的主體性都會很高，同樣的，拿C版本也不必然都很被動，端看學生自己的選擇，老師只是適時提供建議。我也觀察到這是一個漸進的過程，拿C版本的學生一開始需要老師帶著做，隨著他的能力提升，老師可以適時鼓勵他自己往前走，慢慢的他就可以自己走。

但是，老師如何看出這個學生可以稍微放手讓他自己嘗試呢？這很簡單，當老師出一個習題，發現這個學生很快做完，在「等」其他人，就可以放手讓他往前走。就好像是小朋友學騎腳踏車，一開始需要大人在後面扶著，之後大人慢慢放手，小朋友才能從搖搖晃晃到慢慢學會騎腳踏車，學會獨立。反之，如果大人一直扶著都不放手，小朋友怎麼學得會呢？

從單軌到多軌

接下來，我運用這三個版本的教材，搭配學思達，將課堂時間切成十五分鐘、十分鐘、二十分鐘三個部分。這樣的時間分配是考量三群學生的需求。

A群學生通常比較少，在表達的時候，主要是讓他們解進階或挑戰題。每次段考每位A群學生分配二至三個挑戰題，以講解給組內同學聽、開直播、錄影等方式檢核，不是每節課都需要檢核，所以需要的時間不多。因此，A群在「達」的階段需要的時間不多，只配了十分鐘。

B群學生通常人數較多，會拆成二至三組，每組上台表達和老師統整時間大約五至八分鐘，所以總共留了二十分鐘來進行「達」。

C群學生則是家教模式，藉由

表 10　三軌學思達的運作流程

課堂計時（分）／同質分群	0-15	15-25	25-45
A（主動性高）	思（討論）	達（直播與檢核）	學（自學）
B（學習者中心）	學（自學）	思（討論）	達（發表與澄清）
C（家教模式）	達（教導與回答）	學（自學練習）	思（討論）

教師提問和學生回答來教學，幫助學生發展閱讀理解能力，所以留十五分鐘來處理。

任何一組學生在「達」的階段都是學習成效的檢核以及觀念的澄清與深化的歷程，因此老師必須參與引導。但老師只有一個，不可能同時聽三群學生表達並進行引導，所以我錯開了三群學生「達」的時間，從單軌學思達發展成三軌學思達，運作流程可參見右頁表10。

表10最上面一排數字代表課堂上的時間。這裡是以國中每節課四十五分鐘為例。至於國小每節課四十分鐘、高中每節課五十分鐘，可依實際狀況調整。學生專注的時間有限，建議每個階段分配十至二十五分鐘。

這個模式對於時間的掌控必須很精準，如果前面的階段延遲，就會壓縮到後面的時間。因此，建議找一個專門負責計時的學生。另一方面，最容易讓老師「放不下」、「捨不得走」的是C群，通常老師會想要「講到一個段落」，這就會造成後面的階段延遲。這兩點要特別注意。

A、B、C群學生中，老師對A群學生的掌控程度最寬鬆，盡量放手讓他們自主學習，就像《論語》裡說的：「不憤不啟，不悱不發。」不是完全放手不管，而是依據學生的狀況來判斷收放程度；B群學生是以學習者為中心的模式，老師將課堂的部分時間交給B群學生「學習」，單獨來看就是「單軌學思達」的模式；C群學生就是一對多的家教模式，感覺上是一個老師擔任多個學生的家教，老師教一題，學生寫一兩題，附答案和QR Code給學生，這時候老師可以到其他組看看進行狀況，或是到A組看他們直播，然後再回來看C群學生，再教一題讓學生接著練習。老師在A、C群之間移動，把時間做最有效的運用。

我把三軌學思達的教學流程做成表11（頁206－207）給大家參考。

以A群的學生來說，課堂一開始便是「思」，也就是進行討論，討論要不要開直播，或是直播的內容。十五分鐘後開始直播，進入「達」的階段，A群學生直播時，我會在旁邊適時提問，幫助他們梳理或者詮釋得更好，直播的平台是班級的臉書社團。開直播主要是因為A群學生挑的題目通常是進階題，一次性的講解表達太可惜，以開直播的方式錄影下來，可以提供其他有興趣的同學課後觀看。當然也附帶一些增強的效益，像是同學在臉書上按讚，或是留言回饋，都是給開直播的同學很大的鼓勵。直播結束後，最後的二十分鐘，A群的學生進入「自學」階段，寫講義、看影片，自學下一節課的內容。

而以B群的學生來說，課堂一開始是十五分鐘的「自學」，用手機或平板看影片自學，接著便進入十分鐘的討論（「思」），討論的主題是待會要上台報告的講義題目，並且預先將題目寫在白板紙上（後來為了提升效率，改用 iPad 搭配 Apple Pencil，將講義透過電視棒或 Apple TV 投影出來），最後二十分鐘則由B群學生分組上台報告。

C群學生課堂一開始便是十五分鐘的「達」，有別於A、B群學生的是，C群學生的「達」，老師給予的鷹架較多，簡單來說，C群學生的「達」事實上是透過老師提問做為鷹架，幫助學生說出學習內容，也就是「家教模式」，老師教一題，讓學生寫一兩題練習，練習題大多來自講義，也可以是課本的題目。

C群學生的「達」與「自學」通常會交錯運用，在C群學生做練習時，老師有時會去看A群學生直播。C群學生學會當天的進度後，便進入二十分鐘的討論（「思」），這時候我會指派比較多的練習給C群學生，並且給予足夠的「老師」——附答案、附 QR Code、讓學生使用平板或手機，有時會讓C群學生認可的一位A群學生擔任小老師從旁協助，目的還是在培養自學力。

需要注意的是，C群學生比較容易分心，老師必須坐在他們旁邊或是中間，靠他們近一點，效果比較好。有些老師問：如果C群學生很多怎麼辦呢？這種情況我也遇過，我的做法一樣是以提問做為鷹架，幫助學生說出學習內容，再給他們練習題。此

表 11　三軌學思達的教學流程

同質分組	課堂計時（分）	0-15	15-25	25-45
	角色	各階段任務與輔助學習工具 （ 是老師本人的位置， 是老師的分身）		
	學生	**思** 1 討論這一節課是否開直播或錄影片？ 2 直播前先講一次給組員聽 3 利用白板架討論	**達** 1 一個人主講，另一個人寫，其他人支援 2 臉書社團直播或利用 iPad+Apple Pencil 錄影	**學** 1 影片完成後上傳至 YouTube 或臉書社團 2 寫講義、看影片，自學下一節課的內容
A	輔助學習工具	1 手機、平板、耳機、講義、課本、網路 2 白板架利於討論	1 直播：手機、腳架 2 錄影：iPad+Apple Pencil	1 iPad 影片上傳 2 手機、平板、耳機、講義、課本、網路
	「老師」	（老師的分身） 同學、講義、課本、QR Code 連出去的教學影片、網路	（老師本人）：檢核 1 藉由提問澄清觀念，幫助學生梳理或詮釋 2 把上台報告改成直播、錄影	（老師的分身） 同學、講義、課本、QR Code 連出去的教學影片、網路

（續頁 207）

同質分組	課堂計時（分）／角色	0-15	15-25	25-45
	角色	各階段任務與輔助學習工具 （■是老師本人的位置，■是老師的分身）		
B	學生	**學** 看影片自學這一節課的內容	**思** 與同學討論講義裡面的問題，準備上台報告	**達** 抽籤或輪流上台報告，老師藉由提問澄清觀念
B	輔助學習工具	手機、平板、耳機、講義、課本、網路	1 直播：手機、腳架 2 錄影：iPad+Apple Apple Pencil	1 麥克風、計時鈴、計時器 2 利用電視棒或 Apple TV 把平板畫面投影出來
B	「老師」	（老師的分身） 講義、課本、QR Code 連出去的教學影片、網路	（老師的分身） 同學、講義、課本、QR Code 連出去的教學影片、網路	（老師本人）：檢核 藉由提問澄清觀念、幫助學生梳理或詮釋
C	學生	**達** 1 跟著老師的腳步前進 2 老師教完一個概念或一個例題後，指派練習題	**學** 練習自己做題目對答案，不會就問老師、同學或掃描 QR Code 看影片	**思** 1 老師指派講義裡的練習題或均一任務 2 不會可以問同學，或掃描 QR Code 看影片
C	輔助學習工具	手機、平板、講義、課本、網路、白板架	手機、平板、耳機、講義、課本、網路	手機、平板、耳機、講義、課本、網路
C	「老師」	（老師本人）：家教 1 老師跟學生坐得很接近，就像是家教 2 老師利用白板架、平板或黑板講解	（老師的分身） 講義練習題與答案，老師在 A、C 兩群之間移動	（老師的分身） 同學、講義練習題與答案，均一的習題或影片

時，老師可以仔細注意有哪些學生寫完題目開始「等」其他同學，這就是跑得比較快的學生，可以讓這些學生坐在一起繼續前進，而老師將注意力稍微多放在最落後的那三四位學生身上，這樣可以解決C群學生太多的問題。重點在於有效提高「課堂的真實效率」。

四十五分鐘的課程，一百三十五分鐘的效果

就這樣，三軌學思達就在我的課堂上跑了起來，效果非常好，學生在每一堂課參與到學習的時間多出許多倍，不像傳統講述法時，時間一面倒的被老師的講述占用掉。

乍看之下會覺得三軌學思達很複雜，但實際操作起來會發現，老師其實只是到各組進行提問的工作，相較於傳統講滿一整堂的教學方式，其實相對省力，效益卻大大提高。原因在於，這樣的教學方式，老師在課堂上主要的工作是提問和追問，而不是忙著重複講述相同的內容。

從學生的角度來看，四十五分鐘的時間都在進行學習，而且學習型態比傳統教學豐富許多，除了看影片時的「聆聽」，還多了老師提問引發的「思考」，以及為了完

整表達所促動的「統整與思考」，更重要的是，學習型態是「互動」。

三軌學思達的課堂，雖然一節課只有四十五分鐘，感覺上就像是A、B、C三群學生都有各自的四十五分鐘，無形中，這一節課好像有一百三十五分鐘的效果。

大家終於可以不必再假裝了！

然而這樣的課堂風景，並非一次可以到位。事實上，我一路摸索到發展出這樣的模式，也花了快兩年的時間，雖然到九年級下學期時，學生已經進步到幾乎人人都能自學，每堂課看起來都像是自習課，但讓我重新再接一個班，恐怕也無法直接進入三軌學思達。

所以，分階段發展是必經過程，也就是：「心智圖＋單軌學思達」→「影片公播＋單軌學思達」→「影片自學＋單軌學思達」→「兩軌或三軌學思達」。接下來逐一說明這四個階段的重點工作，希望能提供給有心使用這種教學模式的老師一些參考。至於每個階段要花的時間，通常會建議以一學期為原則，並以一次段考的時間做為調整的單位。最重要的原則是，根據每個班級的情況去做調整，延後或提前一兩次段考的時間都無妨，不必然要完全按照這樣的節奏。

第一階段：心智圖＋單軌學思達

心智圖融入課程，最終目的是希望學生能自己整理課本概念，並以心智圖的形式呈現出來。

這一階段的教學目標非常明確：培養自學技能，具體的自學技能包括閱讀並理解課本、運用心智圖做筆記、與同學討論、能完整回答老師的提問、能合理並完整的說明自己的想法等。

國中數學的學習基本上有兩個部分：一是數學概念的建構，二是習題的精熟。學思達第一階段達成這兩項建構的方式參見表12。

表 12 學思達第一階段的教學目標

數學概念的建構步驟	閱讀課本自學	學
	思考咀嚼看到的內容，與同學討論並交換想法	思
	回答老師或同學的問題，合理而完整的說明自己的想法	達
	將萃取出的概念繪製成心智圖	學習成果
習題的精熟步驟	自學課本例題，模仿例題寫隨堂練習	學
	思考咀嚼問題，與同學討論交換想法	思
	分組抽籤上台表達，合理而完整的說明自己的想法	達
	精熟練習課本自我評量、習作、均一教育平台的習題	學習成果

第二階段：影片公播＋單軌學思達

老師可以依課本內容在均一教育平台或其他影片來源裡挑選素材，建立預計在課堂上播放的影片清單。備課時，先完整的觀看影片，在影片中找出預計提問的時間點，並寫下預計提問的問題。

這一階段的教學目標是：培養學生看影片做筆記的習慣，學會暫停與回播教學影片、能與同學討論、能完整回答老師的提問、能合理並完整的說明自己的想法等。

學思達第二階段達成國中數學兩項建構的方式參見表13所示。

表 13　學思達第二階段的教學目標

數學概念的建構步驟	公播看影片自學	學
	暫停影片播放，老師提出問題讓學生思考並相互討論	思
	回答問題，合理而完整的說明自己的想法	達
	看影片做筆記，學會暫停與回播教學影片	學習成果
習題的精熟步驟	自學課本例題，模仿例題寫隨堂練習	學
	思考咀嚼問題，與同學討論交換想法	思
	分組抽籤上台表達，合理而完整的說明自己的想法	達
	精熟練習課本自我評量、習作、均一教育平台的習題	學習成果

第二階段與第一階段不同的地方在於，數學概念的建構由閱讀課本轉變為解讀影片。上課時以影片公播為主，公播並不是老師按下播放鍵就到後面休息，而是藉由老師「播放↓暫停↓提問」的過程，建構數學概念（有效的看影片自學實作，參見頁132－135）。簡單的問題請學生站起來回答，比較需要思考的問題，就發下白板紙與工具包讓學生討論後上台報告，並加入學思達講義，在講義中附上影片的QR Code與關鍵問題，留下一些空白讓學生可以看影片做筆記。在這個階段，講義可以提早發給學生，鼓勵學生提早預習，有預習的學生在上課的時候會比較有利，並在講義每一小節的最後讓學生畫心智圖歸納重點。

要注意的是，第一階段閱讀課本建構概念，在第二階段轉變為解讀影片建構概念，課本的角色弱化為習題練習本。因為課本和影片都是文本，在有限的時間內無法處理兩個文本。我們的目的在培養學生的能力，「怎麼學」比「教什麼」重要。

第三階段：影片自學＋單軌學思達

這個階段是培養自學力的關鍵，需要有一些前製作業。

每個學生都必須有載具，可以是平板或是手機。如果學校有平板當然很好，如果沒有，可以讓學生自行準備手機，也可洽詢信望愛基金會，有免費的 Flyer 七吋平板可以借用。Flyer 七吋平板速度很慢，但速度慢是缺點更是優點。因為速度慢，所以只能拿來看影片做習題，完全無法玩遊戲。沒有手機或是使用手機違規的學生，可以發 Flyer 平板給他。

在這裡談一下手機的使用，這一代的學生未來的生活與手機息息相關。因此，提早讓學生知道手機除了玩遊戲還能幫助學習，是一件重要的事情。我認為手機只有如何管理的問題，沒有要不要使用的問題。

這一階段的教學目標是：培養學生獨立看影片自學的技能、遇到問題可以尋找解決的辦法（看影片、與同學討論或是問老師）、能完整回答教師的提問、能合理並完整的說明自己的想法、能把自己會的教給不會的同學等。

學思達第三階段達成國中數學兩項建構的方式參見下頁表14。

在這個階段，課本完全弱化為習題練習本，教學主軸以學思達講義為主體。老師必須事先製作學思達講義，提早發給學生。讓學習速度快的學生繼續向前，並發現學習速度較慢的學生，給予必要的支持。

表 14　學思達第三階段的教學目標

數學概念的建構步驟	獨立看影片自學	學
	遇到問題可以找到解決辦法：暫停影片播放或回放影片與同學討論或是問老師	思
	回答問題，合理而完整的說明自己的想法，能把自己會的教給不會的同學	達
	獨立看影片做筆記，歸納整理畫出心智圖	學習成果
習題的精熟步驟	自學講義例題與練習	學
	思考問題，遇到困難尋求協助：影片、同學、老師	思
	合理而完整的說明自己的想法，能夠教其他同學	達
	能獨力完成課本習題、習作、均一教育平台的習題	學習成果

第四階段：兩軌或三軌學思達

「兩軌學思達」的時間分配與詳細流程，請參見表15－18（頁218－219）。「三軌學思達」的時間分配與詳細流程，請參見表11（頁206－207）。

在三軌學思達模式裡，老師的提問引導與主持工作，依序會是C組、A組、B組。這樣的模式對C組學生的幫助非常直接而且感受強烈。老師針對這幾位學生家教，學生心中直接感受到老師對他們的關心、沒有放棄他們、熱切的想要他們變好。同時，在這一組裡對學生而言是一個安全而溫暖的環境，因為大家的程度差不多，問很簡單的問題也不怕被笑，就會比較敢問。老師也會根據他們的狀況做調整，一定要想辦法讓他們聽懂。

有兩個學生給我的回饋讓我非常感動。

C學生在聯絡簿上寫著：「今天是開學正式上課的日子，我很開心可以聽課。上到○○課覺得好無聊，可是我沒有鬧喔！到了下午第一節數學課，很久沒有上了，很懷念，上課的時候還是一樣很有趣！」C學生的數學大概只有小學三、四年級的程度，他小學時，數學課幾乎都聽不懂。上我的課一學期之後，他覺得數學課很有趣。

Y學生在檢核表中寫著：「我想感謝老師，我正要放棄數學，他又把我拉起來！」Y學生不喜歡讀書，很多科目都放棄，每次他說數學好難聽不懂，我就換個方式降低難度，想盡辦法讓他會寫，後來他已經可以跟上其他同學的進度。

三軌學思達很辛苦，學生的回饋是支持老師一直走下去的動力！

新班級如何學思達？

二○一九年六月，實施一年三軌學思達的班級畢業了。同年八月底，我再度擔任七年級新生導師，也是其他兩個班級的數學科任老師。我一開始就決定按照前面的四個階段，帶領學生進入三軌學思達的課堂。

但是，計畫趕不上變化！

這一屆的新生很特別，有一個班級的學生程度差異非常大。剛開學時，採用心智圖與單軌學思達的方式來上課，但有幾位同學實在是落後太多，完全無法跟上其他人。為此我苦思許久，後來想起去中山女高看張輝誠老師上課的情景。

輝誠老師的班級是隨時開放教室，常常有很多客人在教室後面觀課。鐘聲響起，學生就拿著講義開始自學與討論。輝誠老師會巡視課堂，看看學生有沒有問題，接下來他就走到教室後方向客人說明學思達的理念與理想。學生自學討論完畢之後，輝誠老師就到前面抽籤讓學生上台報告。我突然想到：這不就是學生一軌、客人一軌的兩軌學思達模式嗎？

又想到去髮廊剪頭髮的時候，有時設計師正在幫其他客人剪頭髮，他會請你先去洗頭，你洗好頭之後就換另一位客人去洗頭，設計師改幫你剪頭髮。這就像是自己一軌、另一個客人一軌的兩軌模式。

有了這個想法之後，我就想到了兩軌學思達的模式。

在一個剛開始差異不大的課堂中，有部分學生學習速度特別快或是特別慢，單軌學思達模式無法符合需求，三軌學思達也還未成型，這個時候採用以下的兩軌學思達模式是很好的方法。

簡單來說，兩軌學思達模式把學生分成快慢兩群，自學和思考討論時間合併，各組表達的時候，老師就在該組聽學生的分享。

這個模式對時間的要求沒有那麼嚴格，即使前面延遲幾分鐘，後面還是有一段時間可以處理，並不像三軌學思達模式必須很精準切分每一個階段的時間。老師要先到快組再到慢組，或是先到慢組再到快組，都可以。彈性很大，也很好操作。兩種模式的時間分配與流程可參見表15、16（頁218）。

但是，對新生而言，一開始還是必須帶著他們做心智圖。所以，在這個兩軌的模式裡，我稍微做了一些調整。課程的一開始，我把快慢兩軌合併，大約花十五至二十分鐘的時間，利用心智圖建構數學概念，剩下的時間再分給快慢兩軌。心智圖不是一次畫完，而是一次畫一兩個分支，大約二至三節課的時間可以完成一個小節的心智圖。之後，再逐一挑出比較快的學生，慢慢放手讓快組的學生可以自己與組員完成心智圖。時間分配與流程參見表17、18（頁219）。

表 15　兩軌學思達的操作流程——由快組先進行表達

組別＼課堂計時（分）	20-25	20-25
快	達（直播、錄影、回答）	學、思（自學、討論）
慢	學、思（自學、討論）	達（家教、問答、上台）

表 16　兩軌學思達的操作流程——由慢組先進行表達

組別＼課堂計時（分）	20-25	20-25
快	學、思（自學、討論）	達（直播、錄影、回答）
慢	達（家教、問答、上台）	學、思（自學、討論）

表 17　帶領新生進入兩軌學思達的初期模式——由快組先進行表達

組別＼課堂計時（分）	15-20	10-15	10-15
快	兩軌合併 心智圖	達 （直播、錄影、回答）	學、思 （自學、討論）
慢		學、思 （自學、討論）	達 （家教、問答、上台）

表 18　帶領新生進入兩軌學思達的初期模式——由慢組先進行表達

組別＼課堂計時（分）	15-20	10-15	10-15
快	兩軌合併 心智圖	學、思 （自學、討論）	達 （直播、錄影、回答）
慢		達 （家教、問答、上台）	學、思 （自學、討論）

有些老師在聽完我的演講之後，回到教室就很想馬上實施「三軌學思達」。也有老師會問我，是否需要為了進行三軌學思達，就「刻意」把學生分三群呢？要提醒大家兩件事情：

1 實施「三軌學思達」之前，學生必須先從單軌學思達開始訓練一段時間。

2 不是「刻意」要實施幾軌的模式，而是這個班級就是這個狀態才選擇這樣做。是為了從學生的學習出發，站在學生的角度思考，不是為了三軌而三軌。

學生為我上了一課

有老師問我：「劉老師，三軌學思達好厲害，請問您是怎麼想到的呢？」

說實在的，「因材施教」最早可以追溯到兩千多年前的孔子。而除了孔子，我還必須要感謝一些貴人。

1 觀課二十七次的輔導團夥伴——新北市中平國中葉振福老師

葉老師來我的班上觀課，前前後後一共二十七次，他曾問我：

這是一枝筆，需要上台報告嗎？

這是一顆蘋果，需要上台報告嗎？

他說：「我發現你們班在報告一些簡單的問題時，大概有十幾個人都在放空。」

這是一個改變的契機。

2 矽谷學校基金（Silicon Schools Fund）執行長布萊恩・葛林伯格（Brian Greenberg）

二〇一七年十一月二十日，均一教育平台執行長呂冠緯帶著一位特別的客人來觀課——矽谷學校基金執行長葛林伯格。他來台灣舉行個人化學習論壇，結束後由均一安排到我班上觀課。

下課後，我和葛林伯格討論了很多。除了同質、異質分組，還有組員如何組成等，他問了一個讓我印象深刻的問題：

「一定要上台報告嗎？」

是啊！一定要上台報告嗎？如果不要上台報告，在小組裡面，報告該如何進行？

這是另一個改變的契機。

但是，最後還是要有人狠狠踹我一腳！

我最需要感謝的，是幫我上了一課的學生。

還在進行單軌學思達時，有一堂課的自學時間，大家紛紛拿出手機或平板掃描QR Code看影片。這時突然有一位學生問：「為什麼要看影片？我不看影片就會了，為什麼要看影片？」

我心裡想著：「下週就有客人要來觀課，這該如何是好？」但仍故作鎮定，對他說：「如果你不看影片就會了，那你可以不看影片。但你是否可以安排自己的進度，並且按照進度完成呢？」

他點點頭，說：「可以！」

於是我說：「好吧！找幾個同學跟你一起，你們就是『自主學習組』。」（A組）

我另外再找了幾位進度比較落後的學生，當成「潛力無限組」。（C組）

其他學生則是照原來的學思達模式進行。（B組）

之後我正是據此模式逐漸進化改良為「三軌學思達」。因為學生有自己的想法，讓我不得不想辦法找出路。如果每個學生都很順從聽話，我想，單軌學思達就已經非常好用，我根本不會去思考三軌學思達甚至是多軌的個人化學習的問題。

回頭看才發現，學生是我的貴人！

我很感謝學生，感謝學生提出自己的想法，也感謝當初那個堅持不放棄的自己。

三軌學思達獲得了很好的效果，一直到學生九年級下學期，面臨一個嚴重的困境。與其說是困境，不如說是系統的「Bug」更為貼切。

九年級下學期最重要的事情是五月下旬即將面臨會考的挑戰，幾乎每所學校都有安排模擬考，通常最後一次模擬考落在四月下旬，範圍是一到六冊全部。可想而知，老師必須在四月中以前結束所有的課程。但是，教學計畫幾乎都是寫到五月底，不然審核不會通過。有些學校根本不管什麼規定，九年級上學期就把課程結束。有些學校利用寒假輔導課「偷跑」上進度。三年前的我很天真，跟自己導師班的任課老師說：「寒假輔導課請不要上進度。」一方面，有些學生沒有上寒假輔導課，影響他的受教權。另一方面，寒假輔導課依規定是不能上進度。有些老師反問我數學怎麼上？上得完嗎？為了證明自己是對的，我在寒假輔導課真的完全沒有上進度，下學期開學才開始「衝刺」，一直到四月中把課程趕完。我覺得這不是一個解決問題的好方法。寒假輔導課上進度似乎也是無可厚非，畢竟這就是系統的「Bug」。於是，我開始思索：「如何突破系統的 Bug？」

後來我想到一個方法：「如果學生的進度都不一樣，也就沒有什麼進度的問題了。」在這樣的思維下，我開始培養學生的自學力。當時的想法很簡單，只要學生具有自學力，所謂的「進度」，就會從老師「教」的進度轉變為學生「學」的進度。而每一個學生「學」的進度一定有差異，每個學生「學」的進度都不一樣，也就沒有什麼教不教得完的問題了。

在一路跌跌撞撞的摸索下，從一開始以心智圖培養學生解讀文本的能力，接著融入影片培養看影片學習的能力，再堅持每一節課都按照學思達的流程進行，培養學生自學、思考、表達的能力。

九年級寒假輔導課的最後一天，我發下第六冊一整冊A、B、C三個版本的數學學思達講義，請學生利用時間自己寫講義。開學第一天，只有一位學生全部寫完，有些人只寫三分之一，有些人寫了一半，還有些人才剛剛開始。但是，這完全是學生自學的成果。

九年級下學期的數學課，我打破所有的框架，沒有明顯規範這個時間該做什麼、那個時間該做什麼。上課鐘響後，每個人就開始寫自己的講義，可以用手機，可以問同學，可以看課本，可以問老師，可以上網查資料……感覺上就是「自習課」，但仔細去看，每個學生的進度都不一樣，就好像是一人一軌的個人化學習。後來去美國參訪時，我在 Summit Public School: Rainier 這所學校也看到了類似的課堂風貌。

四月初，所有學生都完成第六冊內容的講義，大部分都是靠學生的自學，老師在課堂裡的角色已經弱化成為配角，從「知識的傳遞者」轉變為「知識的啟發者」。我花了三年的時間，算是初步突破了系統的「Bug」。

還記得年輕時看過一部電影——《倚天屠龍記之魔教教主》，影片裡，張三豐傳授張無忌太極拳時，他對張無忌說：「無忌，你有九陽神功護體，學什麼武功都特別快。太極拳只重其義，不重其招，你忘掉所有招式就練成太極拳了！」

「只要忘掉所有招式就練成太極拳了！」

當三軌學思達成形之後，只要把框架全部拆掉，就可以達成一人一軌的個人化學習了。但是，並不是丟一塊平板給學生，然後把框架拆掉，學生就可以達成個人化學習的目標。張無忌有九陽神功護體，必須先練九陽神功再練太極拳才會快。意思是：必須先練學思達、先練心智圖、先練看影片自學……這些基本功練好之後，把框架拆掉，忘掉所有招式，就練成太極拳了，就可以達成個人化學習的目標了。

讓學生學會學習，比學會學科更重要。「自學力」是學思達真正的靈魂，也是我對學思達的「學」最深刻的體會，更是學思達真正的核心價值所在。為了要讓學生擺脫知識的餵養，有機會走在老師前面，發展「自學力」，於是我著手製作講義。從一節課發單張，進展到一次發一整章，甚至是一次發一冊。這是必然的結果，因為當學生開始自學時，學習速度的快慢幾乎在第一時間就「真實」的展現出來，單張無法讓走得快的學生施展開來。

前文我特意將「真實」兩字框起來，因為學生的差異本來就存在，但在傳統以老師為中心講滿一整堂的課堂裡，這個差異被老師的錯覺遮蔽，誤認「課堂的效率＝每節課老師教過的內容」，而事實卻是「課堂的效率＝每節課學生學會的內容」，我稱之為「課堂的真實效率」。

乍聽之下會認為我在繞口令，其實這裡面隱含了一個我們沒有認真面對過的事實——「一節課並不是四十五分鐘」，一節課真正的時間是「每一位學生的四十五分鐘」。當一節課結束時，每一位學生在過去四十五分鐘究竟經歷及學會什麼，才是一節課的「課堂真實效率」，而不是一位老師在教室教過什麼。

在學思達的課堂上，有很多「互動」的元素，包括師生間的互動和生生間的互動，以及講義和學習者之間的互動。師生間的互動發生在老師的提問、追問與學生的應對、回答之間；生生間的互動則在學生彼此討論對話時發生；而講義和學習者的互動則包括 QR Code 連結的影片、文字的閱讀、講義上問題的回應等。這些豐富的「互動」除了讓學生獲得學習，更產生協作、溝通、合作等社會技能的學習與發展。如果說自學是學思達的靈魂，那互動可以說是學思達的心臟，源源不絕的推動個體的生長茁壯。因此，老師必須想方設法創造「互動」，因為學習就在每一個互動間發生（參見圖 14）。

● 劉繼文老師入選 2019 親子天下創新 100 報導
https://reurl.cc/4mmRXV

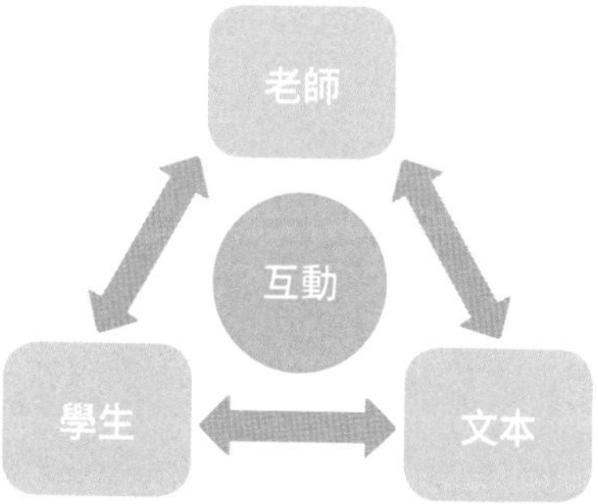

圖 14　在學思達課堂上，存在許多互動元素

第6章

學思達 Online

把原本在課堂裡的上台報告，搬到直播台上，可以留下師生討論與對話的紀錄，讓有需要的學生一看再看。

在課堂內融入非同步影片，搭配客製化的紙本講義與教學法，讓每個學生都是自己的學習駕駛，達成個人化學習的理想。

臉書直播

學生上課直播

剛開始實施三軌學思達的時候，對於學習速度比較快的A組學生該如何檢核?這是當初困擾我很久的問題。後來在臉書上看到有些網紅一邊直播一邊賣東西，學生對於直播也充滿了好奇，於是，我成立了一個不公開社團，把任教班級的學生加進這個社團，讓A組的學生在課堂內開直播，而這些學生上課的直播解題影片就放在社團之中，有需要的學生可以隨時觀看。

當初選擇臉書社團直播的原因是，學生大多數有臉書帳號，只需要手機和腳架就可以開始直播。最簡單的做法是，學生在紙本講義上面寫字，手機與腳架在上面拍攝，幾乎不需要額外學習就可以開始直播。

我試過很多種腳架，夾式、黏貼式……後來發現能夠放在桌上、前面可以夾手機並調整角度的這種腳架最適合課堂開直播使用。

這種模式雖然簡單，但是可能會遇到兩個問題：一是有些學生的手機是家長的手機「退休」下來的，畫質不佳，錄影品質打折扣。其次是使用這種方式，有時候腳架和手機沒有架好，可能會對焦到手，造成字看不清楚。所以後來部分改為「iPad ＋ Apple Pencil（寫字）＋ Explain Everything（螢幕錄影 App）」，錄出來就會是高清的畫質。但是，這種模式對於設備的需求很高，也無法直播，有些學生還是習慣「手機＋腳架」的模式。

直播還是錄影？

常常有老師問：「上課時讓學生直播的目的是什麼？一定要直播嗎？」這是個好問題！

● 劉繼文老師課堂上，學生拍攝直播影片
https://youtu.be/KMIpanYgYz4

● 劉繼文老師與均一教育平台合作，拍攝「以科技翻轉學習」宣傳影片
https://youtu.be/9hgbupybzec

事實上，上課讓學生直播的目的就是把上台報告搬到直播台上。大家可以想像一下以下三種情境：

1 學生上台報告。

2 學生上台報告，前面放手機和腳架開直播。

3 學生在小組裡面報告，在桌上放手機和腳架開直播。

這樣想，就會覺得容易多了。其實就是學生上台報告加上手機直播。這樣做比單純上台報告多一個好處是：可以留下師生討論和對話的紀錄，放在臉書社團可以讓有需要的學生一看再看。

但是，為何不是錄影？

如果是錄影，有些求好心切的學生會一錄再錄，直到滿意為止。但是，我們上課直播的目的不是要做出「完美的影片」。寫錯也沒關係，經由老師的提問、反問、追問，可以澄清學生的觀念，引導學生做出統整，或是老師做出結論。影片要錄的是「對話的過程」，而不是結果。目的除了數學概念解題，也是為了訓練學生的表達能力。

那為什麼要直播？

事實上，學生上台報告和老師平常在教室的教學也是一種直播，是一種同時間、同地點的「實體直播」。上台報告通常只有一次機會，也不太可能有機會或是有時間再報告一次，與直播的情況類似。

後來使用 iPad 錄影的情況是學生準備好之後就開始錄影，和單純上台報告不同之處，僅僅是在教室後面架了一台攝影機。只能錄一次，一鏡到底，無法剪接。除非學生實在沒準備好，會請他再與組員討論或給他一點提示之後再錄一次。就像是學生還沒準備好就上台報告，會請他與組員討論好再重新上台報告。差別在於，直播或是錄影之後，可以留下紀錄讓學生一看再看。

老師課後直播

隨著網路工具的使用日益頻繁，學生問老師問題不一定要面對面才能問。有時候學生會傳照片或訊息過來問問題。但以打字的方式回答問題，不一定能夠讓學生清楚理解，這時我會寫在紙上拍照傳給學生，但這畢竟缺少了一點互動與對話的元素。於是我想，既然學生可以在課堂開直播，老師當然也可以開直播。

二〇一八年的一月三十日晚上八點，開始了我的第一場線上直播教學。經過一段時間的嘗試與調整，把直播時間調整到晚上九點，通常會提前一週在臉書社團公布直播時間與內容。我還把這個直播節目稱為「2100 老劉開講」，算是我的直播初體驗。一開始每週都開直播，讓學生問問題，或是我講解課程內容。單純就只有使用手機和腳架，使用手機自拍鏡頭就是拍老師，使用手機前鏡頭就是拍講義或是計算紙。

實施了一段時間之後，學生上線有一搭沒一搭，我開始想一些方法增加他們上線的意願。比如有獎徵答，計時三分鐘，這時候我會放一個計時器在鏡頭下方。答對的答案會釘選在留言串的上方，答對的學生可以抽刮刮卡。我在鏡頭下幫學生刮，刮出獎品後請學生截圖當作兌換獎品的憑據。刮刮卡的獎品必須和學生的生活連結，例如：雞排、珍奶、文具、「再抽一次」，甚至是「與老師合影留念」。

後來還發現臉書直播可以邀請學生一起上線直播，讓學生的頭像或是講義可以出現在直播畫面（線上邀請）。有時候還會邀請學生當特別來賓，放學後一起在學校開直播（線下邀請）。

我從這段時間的直播經驗發現幾個重點：實體課程的部分，學生從小就被訓練得很好，每天上下學都是固定的時間；而線上學習的時候，一開始還不習慣，必須事先預告、事前提醒學生。此外，學生的專注時間比較短，必須常常切換模式與增加互動性，學習效果才會比較好。比如有獎徵答、抽刮刮卡、邀請學生一起上線等。雖然是線上學習，紙本卻很重要，一方面是有紙本才有共同討論的依據，另一方面是紙本有定錨的效果，對於不小心分心或是斷線的學生，有紙本可以很容易跟上進度。線上學習的內容與獎品，必須和現實生活連結。

我的直播初體驗每一次上線人數都不是非常多，但是意義很重大。這樣的教學模式重新定義了何謂「上課」。上課不一定要在教室、不一定要在固定時間，就算當時沒上線參與直播，也可以重播影片。直播上課突破了時間和空間的限制，只要有手機，隨時隨地可以「上課」。

「上課」被重新定義了。

也因為有了臉書直播的經驗，對於疫情期間的「停課不停學」便可以快速上手。

● 劉繼文老師線上直播教學影片
https://youtu.be/wxVHLy2DT-I

● 跟著劉繼文老師學習直播教學——基礎與進階
https://reurl.cc/avkKQ4

同步教學與非同步教學

同步教學簡單來說就是：老師的「教」和學生的「學」是在同一個時間發生，比如直播，老師和學生必須在同一個時間上線。事實上，如果仔細去想這件事情，會發現「每天去學校上課」也是一種同步教學。同步教學的優點是，老師和學生之間、教與學之間，可以立即互動與回饋，在短時間內做出回應與調整；缺點是，在同步教學的狀況下，大部分的情況只有一次機會，無法重來，生病請假沒上到課、沒上線看直播、網路不順暢等，學習效果就會打折扣。

簡單來說，非同步教學就是老師的「教」和學生的「學」可以不在同一個時間發生。最常見的是以前的補習班常見的錄音帶、錄影帶，現在的錄音、錄影檔案，甚至是放在YouTube、均一教育平台、學習吧或其他網路平台上的影片，這些都算是非同步教學。優點是可以反覆看、慢慢看、跳著看、從中間開始看；缺點是缺乏互動，沒有老師和學生之間眼神的交流，也缺少同儕之間相互討論的樂趣。

同步教學與非同步教學各有優缺點（參見表19），如果能夠擷取兩者的優點，將使學習更有效益也更有效率。例如：在學校上課時，加入非同步教學（影片QR Code

表 19　同步教學與非同步教學的比較

	同步教學		非同步教學	
常見例子	到學校上課	線上直播	事先錄製影片	上課錄影或線上直播後的重播
時間	同一時間		不同時間	
地點	同一地點	不同地點	不同地點	不同地點
特點	1 師生眼神交流 2 同儕互相討論 3 可與真人互動 4 只有一次機會 5 一定要到指定地點（學校）	1 藉科技輔助突破空間限制 2 無法到校上課時可以模擬上課情境 3 只有一次機會 4 學習效果受限於設備與網路	1 藉科技輔助突破時間與空間的限制 2 反覆看、慢慢看，達成因材施教的理想 3 可將教材內容濃縮精練 4 配合教學平台的 AI 技術可以診斷與預測，讓學習更有效率	1 藉科技輔助突破時間與空間的限制 2 反覆看、慢慢看，達成個人化學習的理想
互動方式	人與人真實互動	模擬人與人互動	缺乏互動	

或是將上課的過程錄影），可以讓學生有不止一次的上課機會，課後還可以藉著影片重播，反覆看、慢慢看。也可以像是翻轉教室的做法，在家「上課」（看影片，反覆看、慢慢看），到學校寫作業、討論彼此的想法與觀點。甚至是在課堂內融入非同步影片，藉由科技的輔助搭配客製化的紙本講義與教學法，讓每個學生都是自己的學習駕駛，達成個人化學習的理想。

線上教學不是線上會議

疫情發生之後，大家一直在討論「直播」與「直播軟體」。「直播軟體」大部分用作「線上會議」，目的是開會而不是教學。如果老師線上直播時只重視學生是否有在「直播」的那個時間點坐在螢幕前點名、有沒有回答問題、有沒有舉手、有沒有認真討論，就會陷入同步教學的困境。不是每個學生在直播的時候都跟得上，直播之前的預習與直播之後的複習、作業、檢核、測驗等，都非常重要。

線上教學也不只是把「在教室上課」這件事情直接移植到網路上。學習不是只在「直播」的那個時間點才會發生。

成功的線上教學必須具備五個關鍵要素：

一、紙本講義

紙本在線上學習扮演很重要的角色，紙本講義或課本是溝通的平台，也是線上線下整合的關鍵。紙本講義還具有定錨的效果。

直播不像在教室裡，大家好好坐著等老師來上課。有時候會發生一些狀況，像是有學生因為一些瑣事或網路載具問題而延遲上線。此時紙本講義就可以發揮定錨的效果，適時提醒學生：我們現在上到第幾頁。因為有紙本，學生可以知道現在的活動，跟上同學的進度。

直播前建議事先準備課本或自編紙本講義，也可以到教學資源平台 shareclass.org 下載。紙本講義可以做為學生提問的依據，不需要拍照貼圖片就可以提問，回到學校可以無縫接軌，繼續學習。紙本裡面可以加入非同步影片的 QR Code，此外，紙本的 QR Code 還可以連結老師的 YouTube 頻道或臉書社團、粉絲專頁，利用 QR Code 整合線上與線下。

二、與現實連結

線上教學必須與現實連結，與現實的成績和進度連結。比方說，學生快要考試了，老師直播段考複習，提問與解惑，學生的學習動機會比較強烈，也不會使得線上教學與現實脫節。

此外，有時直播會讓學生搶答或抽獎，這些獎品也必須和現實生活連結。獎品最好是現實生活中用得到的東西，例如：搶答卡（上課優先回答）、換座位卡（上課可以換座位）、（免罰）金牌卡、延後檢查作業卡、文具用品等。

三、創造互動

線上教學如果缺少互動，注意力無法持續太久。常見的互動包括：問問題、回答問題、搶答、抽獎、抽刮刮卡、點頭、比讚、聊天室打字、回覆訊息等，都是互動。目的在於常常切換模式，讓學生的專注力得以維持，提升學習效率。

比如：放一個計時器，限時搶答，一方面可以讓直播節奏流暢，也可以讓學生持續留在線上；搶答抽刮刮卡，學生很愛這種線上搶答的活動，有些學生在教室內舉手回答問題會有點害羞，線上搶答則感覺比較「安全」。

最近的幾場直播，還讓學生「抽紅包」，三個紅包當中的一個是現金一百元的大獎，另外兩個是「有錢也買不到的大獎」（與老師合影留念）。先讓學生抽一個紅包，然後會拿掉一個「有錢也買不到的大獎」，問學生：「換不換？」這就是數學上著名的「蒙提霍爾問題」（Monty Hall Problem，也稱做「三門問題」或「山羊問題」，是一個經典的機率問題）。這些做法不但受到學生喜愛，老師自己也覺得好玩，讓直播增加了互動的元素。

四、線上教學的檢核

實體教學的檢核通常是：問問題、寫作業、測驗。那線上教學的檢核該如何處理呢？如果是線上教學與實體課程交錯進行，直播的目的在於講解紙本作業上的問題，或是問問題讓學生搶答，紙本檢核就是一個很好的工具。

但若是遇到停課期間，有一段很長的時間（兩週甚至數月）無法進行實體課程，線上教學是不得不的選擇，這時候如何檢核?可以使用紙本作業、測驗，拍照上傳，老師批改後再發還。或是利用 Google 表單的測驗功能做為線上檢核，還可以設定選項隨機出現，讓這項檢核更貼近紙本。或是利用 Google Classroom 這個軟體，做為課程管理或學習管理系統，指派作業、上傳作業、批改評分發還，還可以指派非同步影片，利用 Google 表單來做檢核。

五、線上教學前的預告

線上教學直播前必須先以班級群組（LINE 或 Messenger 等）通知學生，或是安排課表，甚至是寫在班級行事曆（紙本或電子軟體）之中提醒大家。

直播前主要會使用到通知平台，可利用 LINE 或 Messenger 建立班級群組，或在臉書建立社團，藉此通知學生相關訊息，像是何時直播、今天的作業、學校或教育局要傳達的重要事項，或平常班上的閒聊互動與關心。

直播中則會使用到直播平台，常見的平台有：Meet、Teams、Webex、Zoom、LINE、Facebook、YouTube、StreamYard 等。

利用軟體視訊直播，有時候訊息平台也可以當作直播平台。比方說，LINE可以直播（其實就是群組視訊通話），電腦版還可以分享螢幕畫面。臉書社團就可以單鍵直播，甚至配合OBS主播台軟體可以切換視訊鏡頭與平板寫字。功能很陽春，但是簡單方便。只要用得順手，學生接受度高，也沒有什麼不可以。

重點是課程學習，不是直播。

要注意的是，這些平台後面都會有一組帳號密碼，對學生而言，這些帳號密碼必須符合兩個特點：單一、常用。如果帳號密碼太多又不常用，就會變成學生的負擔，這一點需要考慮進去。新北市政府教育局推行的「親師生平台」，或是教育部推動的「教育雲」，都做到了「單一」這一件事情；但我認為還要增加學生的使用率，讓這組帳號密碼能夠融入學生的日常生活中，而不只是繳交作業時才拿出來用，這一點非常重要。有時候會突發奇想：如果教育雲帳號可以登入臉書、YouTube，甚至是遊戲，那學生一定會記得這組帳號密碼。

我認為線上教學最好的模式就是「紙本＋非同步教學影片＋直播」。主調是「紙本＋非同步教學影片」，和聲是直播——直播主要是解答疑惑，處理家長和學生的焦慮，關心彼此的狀況。

隨著科技設備與觀念的演進，「紙本＋非同步教學影片」有可能逐漸向線上發展，但無論如何，重點在於課程的學習，怎麼樣才能學得更好更有效率才是關鍵。直播軟體只是輔助的工具之一，不應該成為關注的焦點或教學的主角。

第7章

教師的專業

身為老師的我們，會不會認為自己專業呢？
又或者，我們怎麼理解一個老師的專業呢？
我認為，教師的專業除了讓出學生自主學習的空間（留白）、專注於看學生認知技能的發展（換副眼鏡），還要不斷更新、貼近學生的心，當他墜落時，勇敢跨出去接。

今天，你離「因材施教」更近了嗎？

我心目中的理想課堂圖像是這樣的：

按下影片播放鍵之後，把老師原先要講述的內容交給影片。影片中的老師一對一指導學生，現實中的老師當然也可以一對一輔導學生，同時透過學思達的教學流程，讓學生能夠分享與表達自己學會的課程內容。

對學思達老師來說，成績並非重點，它只是附帶的產物，最重要的是，學生自學、思考、表達能力的提升。

如此一來，我們離因材施教又更近了一步。「每一天的每一堂課裡，都能夠照顧到每一個學生」，是每個老師最大的盼望。我相信，藉由「學思達」的教學方法，加上科技的輔助，因材施教將不再只是一句口號。

教師的專業

回想二十幾年前剛從師大畢業投入教職，坦白說，當時對於教學並沒有太多的思辨，就按照過去老師教我的模式來教我的學生。在寫這本書的過程中，一再梳理過往每一次的嘗試，才看見自己在教學上的累積，已經和當年那個初出茅廬的小夥子截然不同。

林國源校長曾和我分享一個發人深省的故事。他在幾次演講的場合，問現場的老師：「當我們提到『專業』這兩個字時，大家會想到哪些職業？」老師們的答案，不出意外都是「醫師」、「律師」、「會計師」等，很少有人提到「老師」。

身為老師的我們，會不會認為自己專業呢？

又或者，我們怎麼理解一個老師的專業呢？以我是一個國中數學老師來說，我的專業是數學？是教學？還是……

我在心裡想了想，覺得自己是專業的。關於老師的專業能力，我看重三項特質：

1 老師的專業是「理解學生的學習，並做出正確的教學決定」。

2 老師的專業是「不斷更新的能力」。

3 老師的專業是「貼近學生的心，勇敢跨出去接」。

「以學習者為中心」這句老話，在一〇八課綱再一次被提出來。早在我求學的年代，師培課程就在說：「學生是教室／學習的主人。」二十幾年過去了，這個概念被一再詮釋，也在一次又一次的詮釋中，變得更清晰、更廣為接受。我在實踐三軌學思達的過程中，卻隱隱約約感受到「學習者中心」的理念接下來即將面對的挑戰——個人化學習。

為什麼我認為個人化學習對老師而言是挑戰呢？主要的原因有兩個，一個在於老師能不能換個思維？另一個在於老師能不能換副眼鏡？

留白——讓出學生自主學習的空間

老師的思維裡通常都有一個假定，認為沒有老師教，學生不可能會，在這個假定下，老師想方設法把所有學科內容教給學生，也因此陷入大量講述的泥淖。但這個假定真的正確嗎？

我們可以觀察一些例子，比如嬰兒學走路，一開始嬰兒扶著東西慢慢站起來，然後試著往前跨出一步，接著跨出第二步、第三步……摸索一段時間後，他開始放手試著自己走。探索的過程中不時跌倒、摔疼，但沒有一個嬰兒會放棄，學習成功率百分之百，遠超過任何教育機構。

試問，哪位老師教過嬰兒走路呢？很顯然沒有，嬰兒只是憑藉天生的學習能力，觀察、模仿、嘗試、失敗、經驗累積、再嘗試……如此反覆循環，終於學會走路，邁出人生中的第一步。

從這個例子中我們可以看見，人天生有學習能力，不必然需要老師的教導，才能學會一件事。

如果人天生有學習能力，為什麼老師在教學現場感受不到呢？這是因為老師過度取代學生的學習工作，無意間削弱了學生的學習需求，說得白話一點，就是學生太習慣老師的餵養，沒有必要自己覓食。

因此，老師在實踐「學習者中心」教學時，必須換個思維，拋棄「學生一定要老師教才會」的假定，讓出空間來，讓學生走在老師前面，跟文本、影片和學習材料互動，反覆鍛鍊學習技能，他們才有機會從「被動接受」轉變成「主動學習」。

對許多老師來說，讓出學生自主學習的空間之所以是很大的挑戰，是因為老師沒得講課後，不知道該做些什麼，甚至因為沒有講授任何知識內容而感到焦慮，很容易又走了回頭路。

讓出學生自主學習的空間，簡單來說就是「留白」。

當我還是個熱血的年輕老師時，總覺得應該好好利用一節課的時間「講好講滿」，甚至下課了仍然口沫橫飛的說個不停。感覺上老師就是應該把整節課「填滿」，不容許有一點「空白」。當時沒想到的是，老師把課堂時間都填滿了，那學生呢？學生完全沒有揮灑的時間和空間。

這幾年慢慢體會到，在一節課裡面，我或許可以直接把解題過程和答案講給學生聽，但也可以換個方式，把講台讓出來，把時間留白，讓學生先自己讀一下、想一想，給他們時間討論，讓他們有表達的機會，這樣的課堂圖像是由學生和老師共同組成，也是學思達的精神所在。

換副眼鏡——專注於看學生認知技能的發展

那麼，老師讓出學生自主學習空間後，究竟應當做些什麼呢？這便是老師的第二個挑戰：老師必須要能換副眼鏡。

過往老師的眼鏡專注於看學生對學科內容的掌握，而在以學習者為中心的思維下，老師必須換副眼鏡，專注於看學生認知技能的發展。

比方說，老師必須觀察，當學生的學習遇到困難時，他如何解決問題。是擱置不知如何處理、找同學幫忙、上網查資料、查找課本或參考書，還是尋求老師協助？如此才能了解學生是否有足夠多元的解決問題策略以應付學習或生活中遭遇的困難。

換副眼鏡對老師是一項挑戰，因為老師的目光很容易被學科知識內容吸引，較難切換到認知技能發展的觀察上。

所以在實踐學習者中心的教學理念上，老師面臨的並不是教學技術上的改變，而是教學思維與教學目標的改變。

教學思維的改變意味著將學習主體性還給學生，而教學目標的改變意味著從「灌輸知識」進化為「發展認知技能」。這便考驗老師能不能在教學思維與教學目標的改變下，做出正確的教學決定，也是我所認為的教師專業的第一項特徵：「理解學生的學習，並做出正確的教學決定。」

不斷更新——時常檢視、改善自己的教學

很多人覺得老師是個穩定的工作，每天按時上下班，工作環境單純，是個令人稱

羨的職業。我從一九九五年八月一日開始當老師，感覺上好像我的人生已經確定了，就是上課、下課、上班、下班，一直到退休。我常常會想一些特別的課堂活動來增加學習的樂趣與效果，但在教學上還是比較接近講述法，甚至可以不帶課本就去上課。就像是我把自己當成一台「教學播放機」，不斷重複播放，直到退休的那一天。這是一個警訊，只是我一直沒有自覺。

一直到二〇一三年，我轉調到新泰國中，開始了翻轉教學之路，也改變了我的教師生涯。我從一開始認為學思達無法應用於國中數學科，到後來發展單軌學思達、心智圖融入課堂、影片融入課堂、三軌學思達，這段「驚奇之旅」走來並不輕鬆，很多次都想要放棄。

但我告訴自己：「遇到瓶頸，表示即將展翅高飛。」不斷想方設法改善教學流程與方法，每天都想著如何修正，才能讓學生的學習更有效率和效能。有時候臉書跳出動態回顧，才突然驚覺：「哇！我竟然已經走這麼遠了啊！」

常常檢視自己的教學，注意學生的回饋與反應，不斷改善，這就是我認為教師專業的第二項特徵：不斷更新。

貼近他的心，勇敢跨出去接

薩提爾對話模式推手李崇建說：「你的期待是改變孩子，我的期待不是，我的期待是與孩子的內在貼近。」

我想起前一陣子班上發生的事。兩個學生在體育課玩躲避球的時候起了爭執，其他學生跟我說：A學生一直罵B學生，還拿東西丟B的腳。隔天我從學生聯絡簿的生活札記，對於事情經過有了初步的了解，於是利用班會課來處理這件事。

「這堂班會課，我們來處理昨天A和B在體育課發生的事情。昨天的體育課，大家看到什麼、聽到什麼呢？」

學生開始陸續發言，我把他們的發言逐一記錄在黑板的上半部，並用紅色粉筆畫了一條線。

「我聽到A罵三字經。」

「還有一字、五字、六字、八字、四字。」

「我看到B在笑，好像在挑釁。」

「B拍手說：『你打不到我。』」

「B被躲避球丟到，說：『好癢，不痛。』」

「A丟球不撿。」

「A拿水壺丟B。」

「A回教室以後摔門、踹門。」

老師──A和B當時的狀況，給你們的感覺是什麼？

學生──我覺得A很生氣，但是B都一直在笑。

（我在黑板寫下「怒」與「笑」。）

學生──我覺得A罵人、不撿球、拿水壺丟B是錯的。

老師──罵人、拿水壺丟人、摔門、踹門……都是不對的。但是，我想知道為什麼A這麼生氣，B卻在笑？

學生開始陸續發言，我把他們的發言記錄在黑板的下半部。

學生──A的情緒沒控制好。

學生──我覺得他們兩個都很幼稚。

學生──半成熟。

學生——他們平常就常常玩在一起。
學生——有時候玩到翻臉。
學生——講話不經大腦。
老師——A，你為什麼要罵B呢？
A生——一開始是因為他不讓我陪他一起去借球。
老師——B，你為什麼不讓A幫你呢？
B生——因為今天要借的球很少，不用他幫忙。
老師——A，後來呢？
A生——後來我們在打躲避球，球出界我去撿球，B說我浪費時間。
老師——B，為什麼你會說他浪費時間呢？
B生——因為他慢吞吞。
A生——哪有，我很快就去撿了！
老師——然後呢？
A生——然後我就生氣了，我就罵B。
B生——老師，我都沒有罵他，我還保持微笑。

老師——A，說說看你的生氣，好嗎？

A生——啊！我就生氣了啊！

老師——A，要不要說說看你的生氣？生氣之前你覺得如何？

A生——我明明有去撿啊！

老師——所以你覺得？

A生——我明明有去撿啊！他還說我浪費時間！

C生——我如果是A，應該會覺得委屈。

老師——為什麼呢？

C生——因為努力白費了。

老師——A，你覺得委屈嗎？

A點點頭。

老師——B，說說看你當時的心情，好嗎？

B生——我一開始覺得他撿球沒有盡力跑，慢吞吞。後來他罵我，我就愈想鬧他。

老師——所以你覺得如何？

B生——我覺得他幹麼罵我。

老師——你覺得委屈嗎？

B生——有一點。

老師——說說看你的微笑，好嗎？

B生——他愈生氣我愈高興。

老師——A，一開始，B不讓你陪他去借球，你生氣了嗎？

A生——我覺得他不跟我好了。

D生——他被無視了。

老師——A，你覺得呢？

A生——我覺得很無奈。

老師——A，你為什麼要拿東西丟他呢？

A生——我愈來愈生氣，就忍不住了。

老師——各位同學，經過剛才的討論，大家對於這件事應該有了更深入的認識，不管是生氣或是微笑，背後都有更深的意義。法官會依據看到、聽到的事實來做判斷，就是這一條紅線的上方。但是，老師會想知道的是紅線的下方，希望能從不同的角度看待這件事。

以前我處理學生的問題時，只會看到「表面的事實」，A罵B，A拿東西丟B，就處罰A的錯誤行為。事情看起來是解決了，但下次還是會發生，永遠處理不完。因為我沒有貼近學生的心，看不到隱藏在A心中的「被無視」、「無奈」、「委屈」，也看不到隱藏在B微笑背後的「生氣」、「委屈」、「沒面子」。現在，我試著貼近學生的心，想辦法「看」到事實以下的「感受」，而不是急著解決問題。

幾個月前與過去在八里國中輔導處共事的夥伴聚餐，想起當年我們幾個（輔導主任、輔導組長、輔導老師）和社工師、心理師，曾經試圖想「接住」一個學生的往事。

當年這位「小胖」同學，即將從小學畢業。在國中國小轉銜的會議上，我們得知小胖因為家庭功能失調而且有案在身，是學校的頭痛人物。輔導小胖的社工師剛好同時負責國小與國中，他建議我們國中端要早點準備。當時我擔任輔導主任，和輔導組長及最有經驗的輔導老師，與社工師一起討論該如何幫助小胖在國中重新開始。

政府對於受害者的資源比較多，對於加害者所投注的資源很少。當我們還在苦思該如何輔導小胖的時候，他又因為新案件進入少年輔育院。我們覺得小胖需要心理師長期陪伴與輔導，但是申請經費或心理師到校服務緩不濟急。這個時間點是介入輔導的最好時機，可能也是我們能夠「接住」他的最後機會。於是我們幾個自掏腰包東湊西湊，也到處找人幫忙，終於找到願意只收車馬費、定期到少年輔育院輔導陪伴小胖的心理師。校內輔導室定期開會討論他的狀況，就這樣維持了三年，小胖始終沒有回到學校來上課，而我們還是相信這樣做是對的。

當時我們確實是盡了全力，但要「接住」的也許不只是這個學生，可能是他的家庭，甚至是整個社會。雖然不知道後來有沒有成功的「接住」他，但老師勇敢跨出去伸手接，相信已經在這個學生的心中種下了一顆「種子」，我們相信總有一天，這一顆「種子」會發芽、茁壯。

我認為，教師的專業除了讓出學生自主學習的空間（留白）、專注於看學生認知技能的發展（換副眼鏡），還要不斷更新、貼近學生的心，當他墜落時，勇敢跨出去接。

這可以用一個公式來說明：

教師的專業＝（留白＋換副眼鏡＋不斷更新）×（貼近學生＋勇敢去接）

這一路走來並不輕鬆，也不容易，好幾次都想要放棄。每當遇到困難或瓶頸，總會想起當年繳交大學聯考志願卡的前夕，腦海中浮現的學生快樂學習的圖像。

這一段「驚奇之旅」還沒有結束，我仍然會一直堅持走下去。

附錄

教育部亮點教師計畫答客問

第五章提及我在二〇一八年參與「看見教室裡群星閃耀」亮點教師計畫（參見頁195），拍攝的影片上線後，看過影片的老師提出了一些問題，我整理回應如下：

Q 若發現學生上課沒在看教學影片，而是在玩手機，該如何處理？

A 道德勸說或依校規處理，並以 Flyer 舊型平板（可向信望愛基金會申請）或學校可借用的平板替代。

Q 學生的課後作業為何？

A 基本上，課前預習以課本為主，課後則是習作、學思達講義或均一教育平台的任務，每個學生的狀況不同。

Q 老師在課堂中如何安排教學動線？

A 在每一組進行「達」這個階段時，老師會到該組進行提問與說明（順序為B→A1→A2）。

Q 老師是否會檢查學生的講義？

A 每一節上課輪流到各組看一看，就會知道每個學生的大概狀況，在段考前，講義與總檢核表會一併檢視處理。

Q 每堂課如何安排教學進度？

A 通常是以每週為單位安排進度，因為有段考的壓力。但每個學生的學習速度不同，進度一定不會相同。針對A1組：不限制進度，讓他們自由向前衝刺；針對A2組：按照老師的進度；針對B組，讓他們穩固基礎，不貪多、不求快。

Q 老師多久檢查一次檢核表？

A 總檢核表在段考前會檢查，自主檢核表在平常上課會檢視。

Q A1組第一階段思考討論的內容為何？

A 為上一堂課最後第三階段自學時的內容，或是討論今天是否要直播、直播內容是否需要先演練一次。

Q A1直播是由同一人進行嗎？

A 是的。考量到直播影片往後可供其他學生參考，說明的學生要有一定的表達能力，所以A1小組採分工制，有人寫算式，有人直播，有人補充。後來改成一次段考每位組員分配二至三題，輪流直播，其他學生協助與回答問題。

Q A1開直播所選擇的題目是由學生自己挑選或由老師分配？

A 開學時決定各組直播題目類型（基礎題、練習題或挑戰題），每次段考後換一次，題目由學生自行選擇，但不能與別人重複。

Q 班上的B組有幾組？若有兩組以上，第一階段的家教模式，以十五分鐘來說，是否不太夠用？

A 一組。若班級中有較多的B組，則先以講述法為主，在教學的過程中逐漸發現有一些學生跑得比較快（寫完等老師的學生就是比較快的），把他們抽出來自學，家教維持四人左右。若B組較多，一開始可稍微延長時間，但之後還是要嚴格控管，以免壓縮其他組的時間。B組學生注意力有限，十五分鐘後切換為練習模式，或是老師講一題、學生練習一兩題，較能維持注意力。

Q A、B組的講義有何不同？

A A組講義有補充練習題與進階挑戰題，B組講義則以課本習作的練習為主。A組可以多留空白，B組則是挖洞填空，讓學生看影片就可以找到答案。差別在於鷹架的多寡。

Q 若每人安排的學習進度不一樣，課堂上進行思考時是否會有學生無法參與小組討論？組內是否要自行協調安排相同的課程進度？

A 基本上，組內的進度應該是差不多。但如果有學生跑得比較快，也是可以接受，此時，比較快的學生就可以轉變為小老師的角色，參與討論並協助其他同學。反過來，如果有學生跑得比較慢，可以暫時不參與討論，等跟上進度再說。

Q 若B組學生在第三階段思考討論時有不會的問題怎麼辦？

A 老師會視情況安排A1組的學生到B組去協助，或是由走得比較快的B組學生幫忙。

Q 若A1組有學生進度落後於其他組員太多，導致無法參與討論，該如何處理？

A 視情況將學生調整到A2組，跟著老師學思達的步驟學習。如果學生有很強烈的意願想留在A1組，會尊重他的選擇，再給他一次機會。

Q A2組上台表達所選的題目是自己挑選或由老師分配？

A 若學生程度不佳，可讓學生自己挑選或老師分配；若程度整齊，則可以抽籤方式決定。

附錄 2

學生與家長的回饋

特別的數學課

賴宥澂（新泰國中第四十一屆學生）

繼文老師翻轉了教室，讓學生上台講解題目，讓我可以看見其他不同的解法。老師也留時間讓我們在小組內進行討論，並歸納重點、刪去錯誤。

最特別的是，我們學習不是用課本，上課時的教材是老師自己編的講義，講義裡頭大致分為「例題」、「練習」、「想一想」和「挑戰」。「例題」的旁邊都會有QR Code，拿手機掃描就可以連到均一教育平台的例題講解影片，影片除了解題，還會有重點解說。「練習」就是題目，通常是與章節主題相關的題目，也就是要上台講解的部分。「想一想」是從公式或定理延伸出來（是老師會拿來有獎徵答的部分），通常需要同學間討論才想得出來，了解後能對數學概念有更深的認知。「挑戰」就是高手題了，通常需要轉很多個彎才能解出來，也是我最喜歡寫的題目，我喜歡享受解出難題的成就感，還有在絞盡腦汁後得到的甜美果實。

整本講義都是老師的精心設計，我覺得是世界上最厲害的講義。

從膽怯到自信

廖恩玄（新泰國中第四十一屆學生）

回想第一堂數學課，繼文老師剛拾起講桌上的麥克風，便向台下的大家投下了一顆震撼彈——以後上課除了要畫心智圖，還要分組討論並上台發表。

七下時，老師將原本看課本寫學習單的自學，改為用平板觀看影片並完成學習單。升上八年級後，最初一張一張散落的學習單進階成了一本厚厚的講義。八下，老師開始讓我們依照不同的學習方式分組，有些人討論後開直播解答難度較高的題目，有些人自學討論後上台表達，也有些人由老師教，直接向老師發問。這樣的做法可以讓每個人都有適合自己的學習方式，不但學得開心，效率也特別高。九年級開始，老師直接把講義發下來，讓我們安排適合自己的進度，給了我們最大化的自由。講義上有QR Code，每個人都可以按照適合自己的進度往前跑。

三年間，老師在無數堂的數學課中教了我們很多東西，像是自學時學會的思考推論能力、和同學討論的溝通與合作能力、上台報告訓練出來的台風，還有對我來說最重要的，在這三年不斷練習自主學習能力。

讓孩子自主學習

許郁彩（新泰國中第四十一屆學生廖恩玄的媽媽）

在孩子邁入國中之際，認識了孩子的班導繼文老師，老師主科為數學，教學特別重視自主學習、多元教學、思考與表達，有別於傳統的填鴨模式，讓身為家長的我十分期待。

七年級一開始，孩子學習畫心智圖，後來慢慢掌握關鍵重點；接著是均一線上做題，孩子多能在時間內獨立完成老師指派的任務，甚至進度超前，提升自信與成就感，遇到不懂的問題時，即使在家裡學習也有專業老師線上講解。八、九年級數學難度增強，老師也適時調整增加課程的紙本練習計算，在一次又一次的反覆練習中，慢慢提升了孩子的組織、思考及口說能力。

現在我也將這套自主學習法繼續用在孩子身上，並且推薦給其他家長。善用３Ｃ得以輕而易舉的學習，幫助了許多偏遠弱勢的孩子，對於資源、經濟貧乏的家庭而言，更增添許多機會與希望。真心感動有這樣一群對教育具無限熱忱的優秀老師，為教育也為孩子們而努力。

國家圖書館出版品預行編目（CIP）資料

讓大象動起來：以學思達啟動差異化教學和自主學習，成就每一個孩子 / 劉繼文著
. -- 第一版. -- 臺北市 : 遠見天下文化, 2020.09
272面 ; 14.8×21公分. -- (教育教養 ; BEP058)
ISBN 978-986-5535-70-4 (平裝)

1.教學法 2.學校教育 3.課程規劃設計

521.4　　109013693

教育教養 BEP058

讓大象動起來

以學思達啟動差異化教學和自主學習，成就每一個孩子

作者 — 劉繼文

總編輯 — 吳佩穎
人文館資深總監 — 楊郁慧
責任編輯 — 張彤華
封面設計 — Bianco Tsai（特約）
內頁設計及排版 — 蔚藍鯨（特約）

出版者 — 遠見天下文化出版股份有限公司
創辦人 — 高希均、王力行
遠見・天下文化 事業群榮譽董事長 — 高希均
遠見・天下文化 事業群董事長 — 王力行
天下文化社長 — 林天來
國際事務開發部兼版權中心總監 — 潘欣
法律顧問 — 理律法律事務所陳長文律師
著作權顧問 — 魏啟翔律師
社址 — 臺北市104松江路93巷1號

讀者服務專線 — 02-2662-0012｜傳真 — 02-2662-0007；02-2662-0009
電子郵件信箱 — cwpc@cwgv.com.tw
直接郵撥帳號 — 1326703-6號　遠見天下文化出版股份有限公司

製版廠 — 中原造像股份有限公司
印刷廠 — 中原造像股份有限公司
裝訂廠 — 中原造像股份有限公司
登記證 — 局版台業字第2517號
總經銷 — 大和書報圖書股份有限公司｜電話—(02)8990-2588
出版日期 — 2020年9月30日第一版第1次印行
2024年1月24日第一版第9次印行

定價 — NT 380 元
ISBN — 978-986-5535-70-4
書號 — BEP058
天下文化官網 — bookzone.cwgv.com.tw

天下文化

BELIEVE IN READING